W0313091

Aus dem Programm
Huber: Psychologie Praxis

Wissenschaftlicher Beirat:
Prof. Dr. Dieter Frey, München
Prof. Dr. Kurt Pawlik, Hamburg
Prof. Dr. Meinrad Perrez, Freiburg (Schweiz)
Prof. Dr. Hans Spada, Freiburg i. Br.

Praxis der Arbeits- und Organisationspsychologie

Herausgegeben von
Eva Bamberg, Gisela Mohr und Martina Rummel

Das Ziel der Reihe «Praxis der Arbeits- und Organisationspsychologie» ist es, psychologisches Wissen so aufzubereiten, dass zu aktuellen Themen, Fragen und Problemen in der Arbeitswelt Stellung bezogen werden kann. Auf diese Weise soll eine zweifache Reflexion angeregt werden: Die Reflexion der Wissenschaft aus der Perspektive der Praxis und die Reflexion der Praxis aus der Perspektive der Wissenschaft.

Die ersten Bände:

Eva Bamberg, Christine Busch, Antje Ducki
Stress und Ressourcenmanagement

Stefanie Heizmann
Outplacement. Die Praxis der integrierten Beratung

Sabine Remdisch
Erfolgsfaktor Feedback

Martin Resch
Analyse psychischer Belastung
Verfahren und ihre Anwendung im Arbeits- und Gesundheitsschutz

Frauke Teegen
Posttraumatische Belastungsstörungen bei gefährdeten Berufsgruppen
Prävalenz – Prävention – Behandlung

Stefanie Heizmann

Outplacement

Die Praxis der integrierten Beratung

Verlag Hans Huber
Bern · Göttingen · Toronto · Seattle

Adresse der Autorin:
Frau Dipl.-Psych. Stefanie Heizmann
Christburgerstraße 6
D-10405 Berlin
E-Mail: stefanieheizmann@gmx.de

Lektorat: Dr. Peter Stehlin
Herstellung: Fabienne Niklaus
Druckvorstufe: Sbicca & Raach, Lugano
Umschlag: Atelier Mühlberg, Basel
Druck und buchbinderische Verarbeitung: Druckhaus Beltz, Hemsbach
Printed in Germany

Bibliografische Information der Deutschen Bibliothek
Die Deutsche Bibliothek verzeichnet diese Publikation in der Deutschen Nationalbibliografie; detaillierte bibliografische Daten sind im Internet über http://dnb.ddb.de abrufbar.

Dieses Werk, einschließlich aller seiner Teile, ist urheberrechtlich geschützt. Jede Verwertung außerhalb der engen Grenzen des Urheberrechtes ist ohne Zustimmung des Verlages unzulässig und strafbar. Das gilt insbesondere für Vervielfältigungen, Übersetzungen, Mikroverfilmungen sowie die Einspeicherung und Verarbeitung in elektronischen Systemen.

Anregungen und Zuschriften bitte an:
Verlag Hans Huber
Länggass-Strasse 76
CH-3000 Bern 9
Tel: 0041 (0)31 300 45 00
Fax: 0041 (0)31 300 45 93
E-Mail: verlag@hanshuber.com
Internet: http://verlag.hanshuber.com

1. Auflage 2003
© 2003 by Verlag Hans Huber, Bern
ISBN 3-456-83956-1

Inhaltsverzeichnis

Vorwort der Herausgeberinnen

In Zeiten schnellen Wandels ist der Verlust des Arbeitsplatzes ein ständig präsentes Thema auf jeder Hierarchieebene.

Unternehmen, die Mitarbeiter «freisetzen», können diesen Prozess mit den unterschiedlichsten Werthaltungen begleiten. Ein Ausdruck dieser Werthaltung ist die Frage, ob sie Mitarbeiter, die ihren Arbeitsplatz verlieren und sich beruflich neu orientieren müssen, in diesem Prozess unterstützen oder nicht. Was und wie viel ein Unternehmen bereit ist, in diesen Übergang zu investieren und bis zu welcher Hierarchieebene ein solches Angebot gemacht wird, sagt einiges über die Werte aus, die im Unternehmen gelebt werden.

Übergangssituationen werden künftig nicht mehr die Ausnahme, sondern die Regel im Arbeitsleben darstellen. Das Wort «Outplacement» mag die schlichtere, aber deutlichere Formulierung «Entlassung» beschönigen und deshalb nicht immer Sympathie finden. Eine entsprechende Beratung wird bisweilen als «Kosmetik» diskreditiert. Wenn sie jedoch für den Betroffenen zum Erfolg führt (und das ist häufig der Fall), ist sie ein mehr als wertvoller Beitrag für diesen Menschen und damit auch zur Humanisierung des Arbeitslebens: Sie trägt zu einer effektiven Form der Organisation von Übergangssituationen bei.

Outplacement-Beratung ist eine Hilfe zur Neuorientierung. Ihr Ergebnis ist keinesfalls allein von psychologischen Faktoren abhängig. Outplacement-Beratung ist in besonderem Maße gefordert, personbezogene Ressourcen zu mobilisieren. Keinesfalls darf sie in traditioneller Defizit-Orientierung dem Versuch der Pathologisierung erliegen. Outplacement-Beratung hat handfeste, pragmatische Verbindungen zu anderem Know-How (z. B. über den Markt) herzustellen. Sie ist in ihrer Qualität an konkreten Erfolgen messbar wie kaum ein anderes Beratungsangebot – nämlich über ein klares Ja oder Nein im Hinblick auf den Vermittlungserfolg. Da ihr Ansatz in der Arbeit am «Zwischen» liegt – dem Übergang zwischen dem alten und dem neuen Arbeitsplatz, ist sie aus Prinzip vernetzend. Lösungsorientierung, Ressourcenorientierung, Handlungsorientierung und Pragmatismus sind eine Überlebensfrage für das Beratungsangebot. Deshalb ist es kein Zufall, dass im vorliegenden Buch eine Beratungsphilosophie vorgelegt wird, die mit einem lösungsorientiert systemisch-konstruktivistischen Ansatz dem «state of the art» entspricht.

Der vorliegende Band wendet sich an Personalverantwortliche und Berater, die mit Outplacement zu tun haben – sei es, dass sie selbst zum Thema beraten oder dass sie Entlassungen sinnvoll und unterstützend begleiten müssen und ein entsprechendes Angebot implementieren möchten. Als Thema der Arbeits- und Organisationspsychologie weist Outplacement-Beratung viele Bezüge zu traditionellen organisationspsychologischen Fragestellungen wie etwa Potenzialeinschätzungen und Diagnostik auf, zugleich wird damit aber organisationspsychologisches Neuland betreten und ausgeprägtes interdisziplinäres Denken eingefordert.

In der Reihe «Praxis der Arbeits- und Organisationspsychologie» werden Bücher zu aktuellen, vielfach interdisziplinären Themenbereichen publiziert. Wir richten uns in erster Linie an betriebliche Funktions- und Entscheidungsträger, die psychologisches Wissen benötigen, an in der Arbeits- und Organisationspsychologie und angrenzenden Gebieten tätige Personen, sowie an Studierende, die in diesem Bereich tätig sein möchten. Die psychologische Perspektive hat dabei besonderes Gewicht.

Die Bände dieser Reihe behandeln neben einer wissenschaftliche Aufarbeitung des jeweiligen Problembereichs berufspraktische Fragen. Durch die Reihe wird versucht, vor allem zwei Lücken zu schließen: Bei arbeits- organisations- und wirtschaftspsychologischen Publikationen überwiegen Werke zu traditionellen Themen. Zahlreiche aktuelle und relevante – vielfach interdisziplinäre – Problembereiche aus der Arbeitswelt wurden bislang psychologisch nur unzureichend aufgearbeitet. Es gibt ferner viele Bücher, die für die Wissenschaft geeignet sind, die nur eingeschränkten Nutzen für praktisches Handeln haben und es gibt eine Reihe von Werken, die für Praktiker und Praktikerinnen geschrieben wurden, die aber mehr an Rezeptbücher als an eine Umsetzung psychologischen Wissens erinnern.

In den Büchern der Reihe «Praxis der Arbeits- und Organisationspsychologie» wird psychologisches Wissen so aufbereitet, dass zu aktuellen Themen, Fragen und Problemen in der Arbeitswelt Stellung bezogen werden kann. Eine zweifache Reflexion soll dadurch unterbreitet werden: Die Reflexion der Wissenschaft aus der Perspektive der Praxis und die Reflexion der Praxis aus der Perspektive der Wissenschaft.

Hamburg, Leipzig und Berlin im Juni 2003

Eva Bamberg

Gisela Mohr

Martina Rummel

Vorbemerkung und Danksagung

Spätestens seit meinem Diplom im Jahre 1991 reagieren Fremde mit «Oh je, muss ich jetzt aufpassen, was Sie aus mir rauslesen» wenn ich «verrate», welche Profession ich erlernt habe. Nach dem Hinweis, dass ich *keine* Ausbildung in klinischer Psychologie habe, ist die Verwirrung komplett. Was arbeite ich denn dann? Welche Rolle habe ich als Psychologin im Personalbereich eines internationalen Konzerns oder eines mittelständischen Unternehmens? Und was tut eine psychologische Personalberaterin bei der Beratung zur beruflichen Neuorientierung von Führungskräften?

Habe ich meinen humanen Auftrag, der sich qua meines Studiums ergibt, verraten? Helfen Psychologen im organisationalen Umfeld die Menschen zu manipulieren, damit sie besser funktionieren? Oder wie eine ehemalige klinische Kommilitonin es formulierte: «Ihr Arbeitspsychologen macht die Leute so krank, dass die dann zu uns kommen».

Die Diskussionen um die Aufgaben und gesellschaftlichen Relationen der Arbeitspsychologie sind wesentlich und notwendig – und die Diskussion um die ethischen Dimensionen *jeder* Profession muss Voraussetzung und Zielsetzung für die Entscheidung sein, diese Profession auszuüben.

Das Studium der Psychologie hat mich vieles gelehrt – das Wesentliche erscheint mir die immerwährende Notwendigkeit des Hinterfragens von Ergebnissen, von allem «Offensichtlichem». Die Reflexion des menschlichen Daseins in all seinen Facetten macht eine eindeutige und klare «Erklärung» unmöglich und auch nicht wünschenswert. Die Achtung vor dem Menschen und der Versuch der Annäherung von unterschiedlichen Seiten sind faszinierend und kommen nie zu Ende.

Auf diesem Hintergrund entsteht dieses Buch. Ich möchte eine Facette des menschlichen Arbeitslebens, nämlich die Rolle als Psychologin in einer Personalberatung mit dem Schwerpunkt Outplacement, d. h. der Beratung zur beruflichen Neuorientierung, und die Arbeitsweise dort darstellen. Mein Arbeitsleben berührt das Arbeitsleben und das Privatleben vieler anderer Menschen, mit denen meine Kollegen und ich täglich als Klienten arbeiten – sie haben ihre Arbeit verloren oder stehen im Begriff, sie zu verlieren, und stehen am Beginn der beruflichen Neuorientierung. Außer der Darstellung der Beratungsprozesse wird ein Schwerpunkt die Frage nach der Qualifikation der Beraterinnen und Berater sein. Da der Stand der Forschung hier zu wünschen übrig lässt werde ich an vielen Stellen auf Erfahrungswerte meinerseits und seitens meiner Kolleginnen und Kollegen zurückgreifen.

Ziel des Buches ist es, den Prozess der Beratung zur beruflichen Neuorientierung darzustellen und interessierten (angehenden) Psychologinnen und Psychologen wesentliche Qualifikationen und Berufsmöglichkeiten aufzuzeigen, sowie interessierten Praktikern und Betroffenen das Thema Outplacementberatung nahe zu bringen.

Mein Dank gilt zu allererst meinem Mann und unseren Kindern und meinen Eltern, die dieses Buch mitgetragen haben und einige organisatorische Kraftakte unternahmen – vor allem meine Mutter – um mir das Schreiben neben Berufstätigkeit und Familie möglich zu machen.

Ich danke meiner Firma, der v. Rundstedt & Partner GmbH, für die Hilfestellung und das Verständnis bei dieser Aufgabe und allen Kolleginnen und Kollegen, die ihren Beitrag zu diesem Buch täglich leisten. Danke vor allem an die Berliner Niederlassung mit all den Damen und Herren, freundlichen Feen und hilfreichen Geistern und all meinen Klientinnen und Klienten, die mich diesen Beruf lieben lassen. Meinem Chef Eberhard von Rundstedt gilt mein besonderer Dank für seine Menschlichkeit, seine Flexibilität und sein gütiges Verständnis für alle meine Lebenslagen.

Prof. Dr. Eva Bamberg und den anderen Herausgeberinnen der Reihe danke ich für das Angebot, dieses Buch zu schreiben und für die kritische Begleitung. Ich bedaure, dass ich nicht alle ihre wertvollen Anregungen in diesem Buch umsetzen konnte, was allerdings auch neue Projekte am Horizont erscheinen lässt.

Sylvia Jung war mir eine große Hilfe bei der Literaturrecherche und mein Heinzelmännchen an der einen und anderen Stelle, ebenso wie Constanze Richter und Andrei Schnell, die als Freunde auch noch andere Aufgaben übernahmen. Loubna Bouharrour ist und bleibt eine geschätzte Kritikerin auch in diesem Prozess. Gisela Pressel hat einen großen direkten wie indirekten Anteil an der Entstehung dieses Buches. Martina Siebert ist die beste Korrekturleserin und «the Queen of Personal Computers» – neben anderen Dingen. Sibylle Bräuer ist als Kollegin eine Quelle der Inspiration, ebenso wie Dr. Adelheid Wurzer und Frank Mühlinghaus, denen ich hier ebenfalls einen besonderen Dank aussprechen will. Laurenz Andrzejewski hat viele seiner Ideen aus der Entfernung mit mir geteilt und mich teilhaben lassen an seiner Entwicklung und seinen Resultaten. Henrik Schütt hat mir viel Vertrauen geschenkt und neue Ideen gegeben. Dank auch ihm.

Einleitung

Die Outplacementbranche ist ein relativ junger Zweig der Unternehmensberatung. Sie ist bisher wenig in den Fokus der Wissenschaft geraten, einerseits sicher aus dem genannten Grund der relativen «Neuheit», andererseits weil die Branche per se als verschwiegene, zurückhaltende Beratungsbranche gilt, denn ihr Klientel steht in einer existentiellen Krise, die es möglichst leise und unauffällig bewältigen will. Der Verlust des Arbeitsplatzes war und ist zum Teil noch heute einem Scheitern im beruflichen Leben gleichgesetzt.

In dem Maße, in dem die Wirklichkeit für alle Hierarchien darin besteht, dass der Arbeitsplatz nicht mehr für alle Zeiten sicher ist, in dem Maße wird die Outplacementberatung zur öffentlich diskutierten Dienstleistung.

Ziel dieses Buches ist die Darstellung der Beratung zur beruflichen Neuorientierung mit dem Fokus auf den Prozess der Beratung und die Kompetenzen der Berater. Zur Outplacementberatung selbst sind bereits einige sehr gute Bücher und Beiträge geschrieben worden – u.a. von den Pionieren des Outplacements in Deutschland Eberhard v. Rundstedt (u.a. 1994; 1999) und Fritz Stoebe (u.a. 1987; 1988; 1989; 1993). Diese fokussieren dabei vor allem auf die Vor- und Nachteile des Outplacement und dessen Geschichte. Auf die historischen Wurzeln des Outplacements werde ich deshalb nur kurz im ersten Kapitel «Was ist Outplacement? Definition und Ursprünge» eingehen. Des Weiteren werden Daten zur Entwicklung des allgemeinen Beratermarktes in Deutschland in diesem Kapitel vorgetragen.

Die Vor- und Nachteile des Outplacements für Arbeitgeber und Arbeitnehmer werden im Kapitel 2 sehr pointiert vorgestellt, denn auch hier liegen durchaus einige Publikationen vor, einschließlich der Broschüren einschlägiger Outplacementberatungsfirmen und des Fachbereiches Outplacement im Bund Deutscher Unternehmensberater (BDU). Eingebettet sind diese Darstellungen in die Beschreibung von Formen arbeitsrechtlicher Trennung und von «gängigen» Formen der Freisetzung von Mitarbeitern.

In Kapitel 3 werden die Zielgruppen und Formen des Outplacement, wie Einzeloutplacement, Gruppenoutplacement und Selbstzahler beschrieben, sowie der «typische Klient» in der Outplacementberatung vorgestellt.

In Kapitel 4 stelle ich den Prozess der Beratung im Einzelfall vor. Dabei werde ich mich vor allem mit der Beratung von Führungskräften beschäftigen – dies ist noch immer die größte Klientel, die die Outplacementberatung in Anspruch nehmen kann, darf oder will, was aus dem typischen Klientenprofil in Kapitel 3 erklärlich ist. In diesem Kapitel werde ich auf viele Unterlagen und Darstellungen zurückgreifen, die mir «mein» Unternehmen, die v. Rundstedt & Partner GmbH freundlicherweise zur Veröffentlichung überließ. Die v. Rundstedt & Partner GmbH ist deutscher Lizenznehmer des weltgrößten Outplacement-Unternehmens Thomson /DBM (Drake Beam Morin) und verfügt zum Zeit über 10 Büros in Deutschland (München, Nürnberg, Stuttgart, Frankfurt, Düsseldorf, Hannover, Hamburg, Berlin, Detmold und Dresden) mit 90 Beratern, von denen 16 Psychologinnen und Psychologen sind.

Im Anschluss an die Darstellung des Prozesses und des typischen Klientenprofils soll in Kapitel 5 die Fragestellung diskutiert werden, welche Qualifikationen ein guter Berater zur beruflichen Neuorientierung haben sollte. Der Arbeitsalltag einer Outplacementberaterin gibt hier Aufschluss über Anforderungen, die sich zum Teil in Kompetenzen übersetzen lassen. Außerdem werde ich hier Beschränkungen der Outplacementberatung darstellen, die sich aus dem spezifischen beraterischen Alltag ergeben und Einfluss auf die Beratertätigkeit haben.

Der Stand der Forschung zur Beraterqualifikation im Outplacement wird vor allem anhand der Arbeiten von Fischer (2001) sowie Sauer (1991) und Schuppert (1989) erläutert. Zu diesem Thema herrscht ein wesentliches Forschungsdefizit. Die Beraterbranche ist hinsichtlich Angebotsqualität und Qualitätsprüfung eine frei flottierende Masse – jede/r darf alles (im gesetzlichen Rahmen) anbieten, behaupten, vertreten, Hauptsache, es wird gekauft, das scheint das Qualitätskriterium. Welches sind die Voraussetzungen für eine «gute» Beratertätigkeit und eine gute Beratung im Bereich Outplacement? Welche Qualifikationen sind dafür Voraussetzung? Dies sind die Fragen, die ich in Kapitel 5 zu beantworten suche. Praktiker sollten nach der Lektüre eine dezidierte Auswahl eines Outplacementberaters treffen können.

Die Entscheidung für oder gegen einen Outplacementberater ist innerhalb der Entscheidung für oder gegen Outplacement eher nachgelagert. Outplacement kann intern wie extern angeboten werden. Dabei spielen häufig Unternehmensgröße, Menge der freizusetztenden Mitarbeiter und Kosten eine entscheidende Rolle. Mit diesem Themenkomplex beschäftigt sich Kapitel 6.

Im Kapitel 7 soll neben der Zusammenfassung der Ergebnisse die Frage gestellt werden, in welche Richtung Outplacement berät – welches sind die Felder, die wir den Klienten eröffnen können im Sinne einer ganzheitlichen Karriereberatung? Dieses Kapitel ist auch ein Ausblick, denn unsere Zunft und ihre Aufgaben verändert sich wesentlich in den nächsten Jahren, dessen bin ich sicher.

Noch ein Wort zur Geschlechterwahl. Da der typische Klient in der Einzelberatung im Outplacement ein Mann ist und auch die Männer unter den Outplacementberatern dominieren, habe ich mich für die männliche Version entschieden. Wo es sich um eine Klientin oder eine Beraterin in den Beispielen handelt, ist die weibliche Form beibehalten.

1. Was ist Outplacement?

1.1 Ursprünge des Outplacement

Personalarbeit ist seit längerem ein wesentlicher strategischer Erfolgsfaktor von Unternehmen.

> «Die einzig verbliebene Wettbewerbswaffe ist die Organisation. Früher oder später lassen sich alle herkömmlichen Wettbewerbsmuster kopieren – Kosten, Technik, Vertrieb, Herstellung und Produkteigenschaften. Sie sind zu Eckpfeilern des Erfolges geworden. Jeder, der mitspielen will, braucht sie, aber sie garantieren noch nicht den Sieg.»
> (Dave Ullrich, Harvard Business Manager 4/1998)

> «Da die Welt immer mehr zusammenwächst und das Wirtschaftsleben immer komplexer und dynamischer wird, muss Lernen eine zunehmende Priorität im Arbeitsleben bekommen. [...] Es genügt nicht mehr, eine Person im Unternehmen zu haben, die lernt – einen Ford oder Sloan oder Watson. Es ist einfach nicht mehr möglich, es an der Spitze ‹herauszufinden›, und alle anderen folgen den Anweisungen des ‹großen Strategen›. Die Unternehmen, die in Zukunft wirklich eine herausragende Rolle spielen, werden jene sein, die entdecken, wie sie auf allen Ebenen das Engagement und die Lernfähigkeit ihrer Mitarbeiter nutzen können.»
> (Peter Senge, *Die Fünfte Disziplin,* 1996)

Auch wenn das hier Vorgedachte und Geschriebene in wenigen Unternehmen *tatsächlich* verwirklicht wird, bedeutet *Human Ressources Management* heute doch die Einbeziehung von Strategie im Sinne der in die Unternehmensstrategie eingebetteten Personalstrategie (siehe u. a. Sattelberger 1999). Dazu gehören die *strategischen* Gedanken zu Personalrekrutierung, Personalentwicklung und auch Personalfreisetzung. In allen dreien dieser Bereiche kommen inzwischen auch in Deutschland immer mehr externe Berater zum Einsatz, u. a. aufgrund der Konzentration auf strategisches Denken in den Personalbereichen und dem damit verbundenen Abschied von der operativen Umsetzung innerhalb der Personalbereiche.

> «Insbesondere Großunternehmen konzentrieren sich in ihrem Produkt- und Service-Portfolio auf Kernkompetenzen. Dies gilt aber ebenso für mittlere und kleine Unternehmen, die ja schon immer selektiv in Marktnischen tätig waren. Diese Konzentration auf Kernkompetenzen im Geschäft führt zielsicher zu der Frage, welche internen Aufgaben, Dienstleistungen und Prozesse zu den wettbewerbskritischen Komponenten zählen, bzw. an externe Dienstleister abgegeben werden können. [...] Hochspezialisierte Berater und Beratungsunternehmen sind nötig, um dieser komplexen Aufgabe [der Suche und Auswahl von Führungskräften] gerecht zu werden. Dazu kommt, dass es häufig bei der reinen Suche und

Auswahl von Führungskräften nicht bleibt, sondern dass auch zusätzliche Beratungsleistungen wie z. B. Vergütungsberatung, **Outplacementberatung** [Hervorhebung durch die Autorin] und Coaching angesprochen sind. Die Beauftragung von Beratungsunternehmen auf den genannten Feldern ist also logische Konsequenz zunehmender Spezialisierung und Konzentration auf Kernkompetenzen».
(Thomas Sattelberger im Vorwort zum *Handbuch der Personalberatung. Realität und Mythos einer Profession,* 1999)

Personalberater gehören in der Beratertypologie zu den Unternehmensberatern im engeren Sinne. Personalberatungen waren historisch (in Deutschland seit 1950) auf die Suche und Auswahl von Führungskräften spezialisiert, haben aber innerhalb der Entwicklungen der letzten 40 Jahre eine Diversifikation hinsichtlich Suche, Personalentwicklung und Personalfreisetzung erfahren, eben in jenen Bereichen, die auch in **Abbildung 1.1** nach Stoebe (1991, S. 159) als Bereiche der Personalarbeit gekennzeichnet sind.

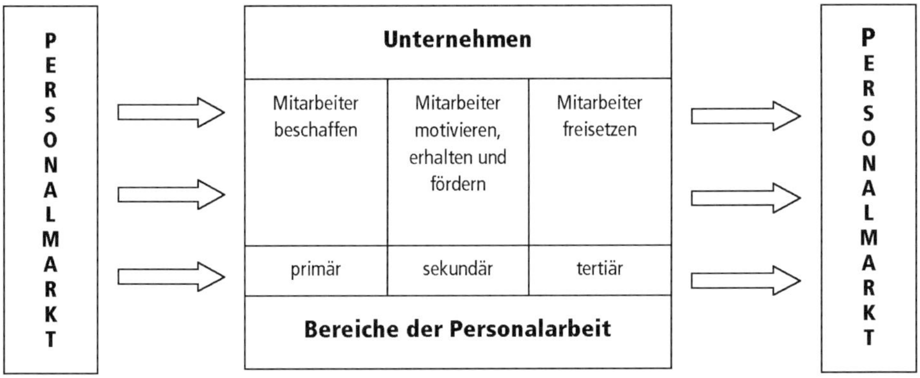

Abbildung 1.1: Bereiche der Personalarbeit (Stoebe, 1991, S. 159)

Die Entwicklungen auf dem Beratermarkt lassen in jedem dieser Bereiche verstärktes Wachstum erkennen. Murmann (1999, S. 43 ff) stellt einige aussagekräftige Marktzahlen zur Verfügung: Nach Schätzungen des BDU e. V. verzeichnete die Personalberaterbranche im Jahre 1998 einen Umsatzzuwachs von 14 % auf insgesamt 1,45 Mrd. DM (1997 waren es geschätzte 1,28 Mrd. DM) und 1999 wurde ein Umsatzzuwachs von 16,4 % auf 2,1 Mrd. DM erreicht (BDU-Studie *Facts and Figures im Beratermarkt* 1999). Die Anzahl der Beratungsgesellschaften in der Bundesrepublik stieg innerhalb von 10 Jahren um 230 % auf 1700 Gesellschaften im Jahre 1999 (Murmann, 1999, S. 45).

Die Beraterbranche insgesamt zeigte in den Jahren 1995 bis 2001 ebenfalls ein beeindruckendes Branchenwachstum, wie **Abbildung 1.2** zeigt.

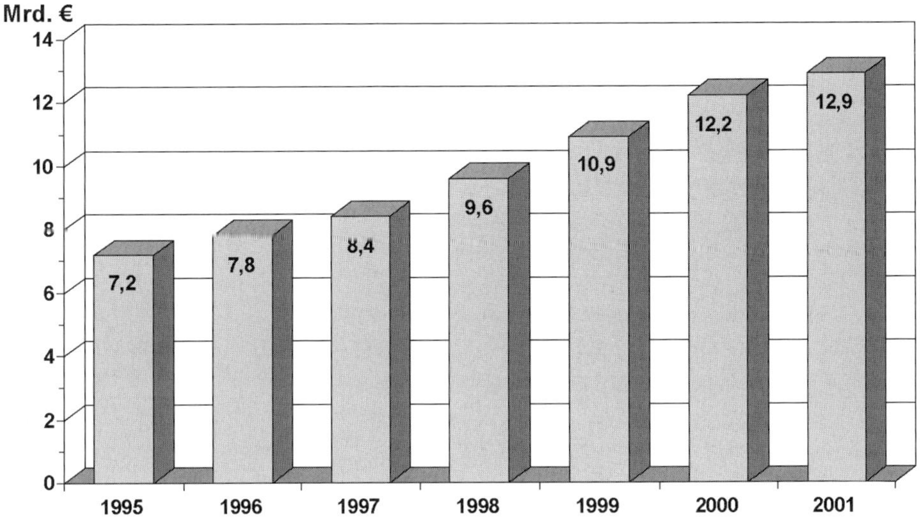

Abbildung 1.2: Entwicklung des Branchenumsatzes von 1995 bis 2001 in Mrd. € (BDU-Studie: Facts and Figures im Beratermarkt 2001)

Zur Beratungsbranche zählen lt. der BDU-Studie im Jahr 2001 die Beratungsfelder Organisationsberatung (27,5 % Marktanteil), IT-Beratung und -Services (39,0 % Marktanteil), Human-Ressource-Management (4,3 % Marktanteil) und Strategieberatung (29,2 % Marktanteil), in denen 14 500 Beratungsunternehmen mit rund 70 000 Beratern 2001 den Gesamtumsatz von 12,9 Mrd. € erwirtschafteten (BDU-Studie *Facts and Figures im Beratermarkt,* 2001).

Mit rund 12,2 Mrd. € erzielte die Beraterbranche im Jahre 2000 einen Rekordumsatz, aus dem für das Jahr 2001 prognostizierten Wachstum von 12% wurden allerdings wegen des Zusammenbruches am Neuen Markt nur 5,5 % (SZ, 26/27. Januar 2002, Seite V1/15), d. h. der Gesamtumsatz der Branche lag bei knapp 12,9 Milliarden € (BDU-Studie *Facts and Figures im Beratermarkt,* 2001).

Von der oben genannten Entwicklung profitierte die Outplacementbranche: innerhalb des Jahres 2001 stieg der Umsatz der Outplacementberaterbranche um 20 % auf rund 72 Millionen DM bei einer Beratungsleistung von ca. 1600 Einzelklienten und 13 700 Klienten im Gruppenoutplacement (Friederike Invernizzi im Handelsblatt, 14.12.01).

Für alle drei Bereiche der Personalberatung – Personalsuche, Personalentwicklung, Personalfreisetzung – existieren Spezialisierungen innerhalb des Beratermarktes; einige große Beratungsunternehmen (wie z. B. Kienbaum, Roland Berger, Baumgarten u. a.) bedienen neben der allgemeinen Managementberatung alle Segmente strategischer Personalarbeit, allerdings mit getrennten Beraterteams. Die Beratungsfelder der Personalberaterbranche sind in **Abbildung 1.3** auf S. 18 im Überblick dargestellt.

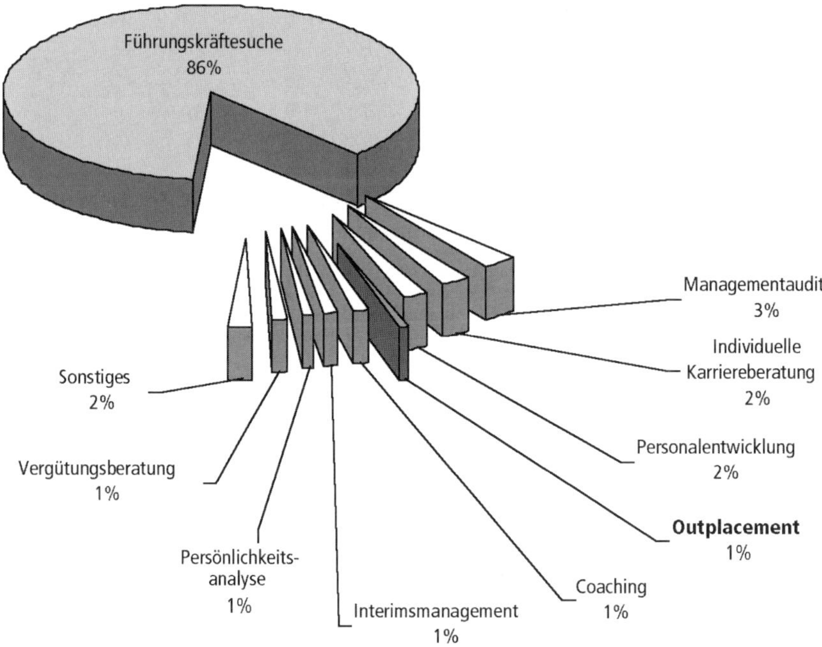

Abbildung 1.3: Beratungsfelder der Personalberatung i. w. S. im Überblick (BDU Studie: *Facts and Figures im Beratermarkt,* 1999)

Outplacement (OPC) ist also *eine* Form der Personalberatung. Seine Ursprünge werden unterschiedlich dargestellt, C. Fischer (2001, S. 13 ff) und W. Hofmann (2001, S. 1 f) geben jeweils einen sehr ausführlichen Überblick. Allgemein wird davon ausgegangen, dass die Wurzeln der Outplacementberatung in den USA liegen und dass deren Vorläufer die Eingliederungsmaßnahmen der nach dem zweiten Weltkrieg aus der Armee ausscheidenden US-Soldaten in das nicht-militärische Berufsleben waren. Der Großteil der Literatur sieht den Ursprung in den in den 60er Jahren stattfindenden Diversifikationsbestrebungen in der Industrie (Fischer, 2001, S. 15 ff; Hofmann, 2001, S. 1f) und den daraus folgenden enormen Personalfreisetzungen. In der Luftfahrtindustrie und der heutigen EXXON (damals Standard Oil of New Jersey) wurde ein komplettes Programm für die ausscheidenden Arbeitnehmer entwickelt (u. a. Mayrhofer, 1989, S. 55; v. Rundstedt, 1999, S. 344; Fischer, 2001, S. 15ff; Hofmann, 2001, S. 1 f). Fischer (2001) stellt weitere interessante Erklärungsansätze vor, die u. a. Ursprünge des Outplacements in der Wiedereingliederung von Kolonalisationsheimkehrern in Großbritannien in den 20er Jahren oder in der Eingliederung von Mönchen in das weltliche Leben nach der Erneuerungsbewegung aus dem Zweiten Vatikanischen Konzil sehen (ebenso Hofmann, 2001, S. 2). Allen diesen Ursprüngen ist jedenfalls die Idee zur Hilfestellungen gemeinsam, die es dem Einzelnen ermöglichte, wieder Fuß in der jeweiligen arbeitenden Gesellschaft zu fassen.

Thomas Hubbard, der als hochdotierter Manager entlassen worden war, gründete 1969 eine erste Outplacement-Beratungsgesellschaft in den USA, deren Überlegungen bis heute noch den meisten Outplacement-Dienstleistungen zugrundeliegen (Seiwert, 1989 a, S. 13; Albrecht, 1998, S. 55; Fischer, 2001, S. 15). Das Grundanliegen der Outplacementberatung liegt hiernach in erster Linie in der umfassenden Erfassung der Fähigkeiten und Zielsetzungen des freigesetzten Arbeitnehmers und deren Abgleich gegenüber dem Markt, so dass eine sehr zielgenaue Bewerbung hinsichtlich Arbeitgeber und Arbeitsplatz für den Arbeitnehmer möglich wird.

Nach einer Umfrage der American Management Association aus dem Jahre 1993 boten rund 80 % der befragten Unternehmen in den USA ihren entlassenen Mitarbeitern Outplacement an (Hofmann, 2001, S. 2). Outplacementberatung wird in den USA häufig bereits im Arbeitsvertrag vereinbart (Hofmann, 2001, S. 2)

Der Beratungsansatz des Outplacement wurde im europäischen Markt erstmals in Großbritannien aufgegriffen, gefolgt von weiteren europäischen Ländern wie Frankreich, den Niederlanden, Belgien und Deutschland (Albrecht, 1998, S. 56). Im deutschsprachigen Raum wurde Outplacement erstmals in den 80er Jahren angeboten und unter der englischen Bezeichnung eingeführt. Heute wird eher von «beruflicher Neuorientierung», «Inplacement», «Newplacement», «Career-Transition-Counseling» o. ä. gesprochen (v. Rundstedt, 1994, S. 458; Andrzejewski, 2002, S. 193 f).

Nur ca. 5 % der entlassenen deutschen Manager nutzen eine Outplacementberatung, obwohl die Erfolgsaussichten nach Aussagen der Outplacementbranche bei 96 % liegen d. h. 96 % der Beratenen finden spätestens nach einem Jahr eine neue, teilweise besser bezahlte Position (Buchhorn, 2000, S. 1 f). Laut einer Umfrage der Zeitschrift Personalwirtschaft und des ADP Employer Services wird Outplacement in Deutschland zukünftig weiter an Akzeptanz gewinnen. Obwohl zum Befragungszeitraum nur 14 % der Befragten Outplacement nutzten, erwägen demgegenüber zukünftig 36 % der Personalverantwortlichen eine Zusammenarbeit mit Outplacementberatungen (Personalwirtschaft 10/2000, S. 34; Hofmann, 2001, S. 5)

Outplacement war bis in die 90er Jahre primär eine Beratungsleistung für Führungskräfte des oberen und mittleren Managements; mittlerweile ist die Beratung zur beruflichen Neuorientierung ein möglicher Lösungsansatz für jeden Mitarbeiter, der sich dem beruflichen Wechsel stellen muss oder stellen will.

1.2 Merkmale und Definition von Outplacement

Im Folgenden werden Definitionen von Outplacement und Merkmale von Outplacement verschiedener Autoren aufgegriffen und unter der Fragestellung einer ausreichenden Definition von Outplacement kritisch beleuchtet.

> «Outplacement behandelt die [einvernehmliche] Trennung von Individuum und Organisation, welche als Ereignis mit vielfältigen Konsequenzen für alle Beteiligten gesehen wird; unter Einsatz verschiedener Methoden und Instrumente wird versucht, den unterschiedlichen Interessen und Bedürfnissen der Beteiligten je nach Ansatz mit unterschiedlicher Gewichtung Rechnung zu tragen.» (Mayrhofer, 1989, S. 22)

Die von Mayrhofer 1989 formulierte Definition von Outplacement ist zu weitläufig gefasst und lässt sehr viele Interpretationsfreiheiten. Die unterschiedliche Gewichtung, die unterschiedlichen Interessen und Bedürfnisse der Beteiligten sind nicht genannt. Von daher ist die Definition für die heutige Zeit nicht mehr nutzbringend. Fischer (2001, S. 12 ff) gibt verschiedene Stichworte und Leitsätze für eine Definition der Outplacementberatung:

- Dem Einsatz bzw. Einkauf einer Outplacementberatung geht immer eine avisierte Trennung von Arbeitnehmer und Arbeitgeber voraus
- Outplacement nimmt der Trennung vom Mitarbeiter die Dramatik
- Outplacement unterstützt das Unternehmen
- Outplacement unterstützt den Mitarbeiter
- Outplacement hilft, vorausgegangene Fehler in der Karriereplanung aufzufangen
- Outplacement hilft, den Prozess der Kündigung für alle Beteiligten konstruktiv zu nutzen
- Outplacement ist weder Therapie noch Jobvermittlung

Fischer greift viele wesentliche Punkte der Outplacementberatung auf; für eine Definition des Outplacement eignet sich diese Aufzählung allerdings nicht, da Nutzenaspekte, Abgrenzungen und Voraussetzungen sich zu sehr vermischen. Fischer betont allerdings auch zusätzlich noch eine Funktion des Outplacement, die häufig übersehen wird und die in meiner täglichen Praxis zunehmend an Bedeutung gewinnt:

> «Outplacement kann auch als ein Instrument eines geplanten und gesteuerten Karriereverlaufs angesehen werden. Somit wird es auch oftmals von den betroffenen Führungskräften als Chance verstanden, eine Standortbestimmung mit wohlwollenden und unabhängigen Personen durchzuführen.» (Fischer, 2001, S. 14)

Da diese «neue» Funktion der Outplacementberatung noch nicht als überwiegende Form der Outplacementberatung vorkommt, stellt auch dieses Zitat keine an dieser Stelle hilfreiche Definition des Outplacement dar, sondern verweist vielmehr auf ein zukünftig gewichtiges Merkmal von Outplacement.

Hofmann (2001, S. 1) gibt eine etwas abweichende Definition von Outplacement, die sich auf seine starke Konzentration auf das Gruppenoutplacement zurückführen lässt:

> «Outplacement ist eine freiwillige, vom Arbeitgeber finanzierte und **i. d. R. durch öffentliche Mittel kofinanzierte** [Hervorhebung durch die Autorin] Personaldienstleistung, die zum Ziel hat, die von Personalabbau betroffenen Mitarbeiter und Mitarbeiterinnen durch verschiedene Beratungs- und Trainingsleistungen in eine neue Beschäftigung zu transferieren.»

Da dieses Buch sich vor allem auf den Prozess der Beratung am Beispiel der Einzelberatung im Outplacement konzentriert, werde ich die Definition von Hofmann (2001) hier nicht verwenden. Die Hinweise auf eine freiwillige Personaldienstleistung mit dem Ziel der neuen Beschäftigung für Mitarbeiter sind jedoch die Zielrichtung, die ich für meine Definition verwenden möchte. Ich möchte mich für meine Ausführungen der Definition von v. Rundstedt anschließen, der eine kurze und sehr treffende Definition der Outplacementberatung gibt:

Outplacement ist «[...] die vom Arbeitgeber finanzierte Beratung und Unterstützung eines freizusetzenden oder freigesetzten Mitarbeiters bei der Suche nach einem neuen Arbeitsplatz, der seinen Qualifikationen und Bedürfnissen entspricht.» (v. Rundstedt, 1999, S. 344).

Diese Definition entspricht der «klassischen» Form der Outplacementberatung, die in diesem Buch Grundlage der Darstellung des Beratungsprozesses ist. Abweichungen zu dieser Definition (wie eigenfinanziertes Outplacement) werden in Kapitel 3 beschrieben.

In den meisten hier vorgestellten Definitionen und vor allem in der in dieser Arbeit verwendeten Definition von Outplacement ist die Rede von freizusetzenden oder freigesetzten Mitarbeitern. Welche Formen der Freisetzung und welche arbeitsrechtlichen Hintergründe der Freisetzung es gibt, soll u. a. im folgenden Kapitel vorgestellt werden.

2. Warum Outplacement?

2.1 Die Freisetzung von Mitarbeitern

«Personalfreisetzung» ist neben dem Begriff «Personalanpassung» der übliche Terminus für die Reduzierung von Personal im organisationalen Zusammenhang. Die Definitionen unterscheiden sich nur geringfügig voneinander und werden häufig als Synonyme verwendet.

Deters et al. (1985, S. 255) definieren Personalfreisetzung als «die Einsparung menschlicher Arbeitskraft im betrieblichen Transformationsprozess». Dabei gehen die Autoren davon aus, dass Personalfreisetzung nicht mit Personalabbau gleichzusetzen ist, sondern dass Personalabbau ein Bestandteil möglicher Pesonalfreisetzungmaßnahmen ist.

Harlander (1991, S. 260) definiert Personal*freistellung* als «Freistellen personeller Kapazität zur Beseitigung einer personellen Überdeckung in qualitativer, quantitativer, örtlicher und zeitlicher Hinsicht». «Überdeckung» heißt hier einfach, dass zuviel Personal vorhanden ist. Die oben genannte Definition der Personalfreisetzung [d. h. -freistellung; Anm. d. Autorin] hat sich einschließlich der Differenzierung der Personalkapazität nach Quantität (Überdeckung in einer bestimmten Höhe), Qualität (Überdeckung in bestimmten Qualifikationen), Zeit (Überdeckung in einem bestimmten Zeitraum) und Ort (Überdeckung in bestimmten Bereichen oder Betriebsteilen) weitgehend als herrschende Meinung durchgesetzt (u. a. Sauer, 1991, S. 10; Keppke, 1992, S. 273).

Ursachen für Freisetzungen sind vielgestalt, wie der folgenden **Abbildung 2.1** auf S. 24 (zit. nach Sauer, 1991, S. 14) entnommen werden kann.

Laut einer weltweiten Studie von Drake Beam Morin mit dem Titel *Realities of the Executive Search 2000* verlieren inzwischen mehr Menschen ihre Jobs durch Fusionen und Übernahmen («Mergers and Aquisitions»), nämlich 42 % als durch Personalabbaumaßnahmen («Downsizing»), hier sind es 32 %. Die zugrundeliegenden Erhebungszahlen sind in dieser Studie unklar, die Erhebungsgrundlage sind Untersuchungen in den jeweiligen Büros von DBM weltweit – zur Zeit der Studie waren dies 200 Büros in 46 Ländern.

Hentze (1991, S. 262) systematisiert die Freistellungsarten nach 3 verschiedenen Aspekten nämlich der Freistellung durch Änderung bestehender Arbeitsverhältnisse, durch Beendigung bestehender Arbeitsverhältnisse und Verzicht auf Neueinstellungen, wie der folgenden **Abbildung 2.2** auf S. 24 zu entnehmen ist.

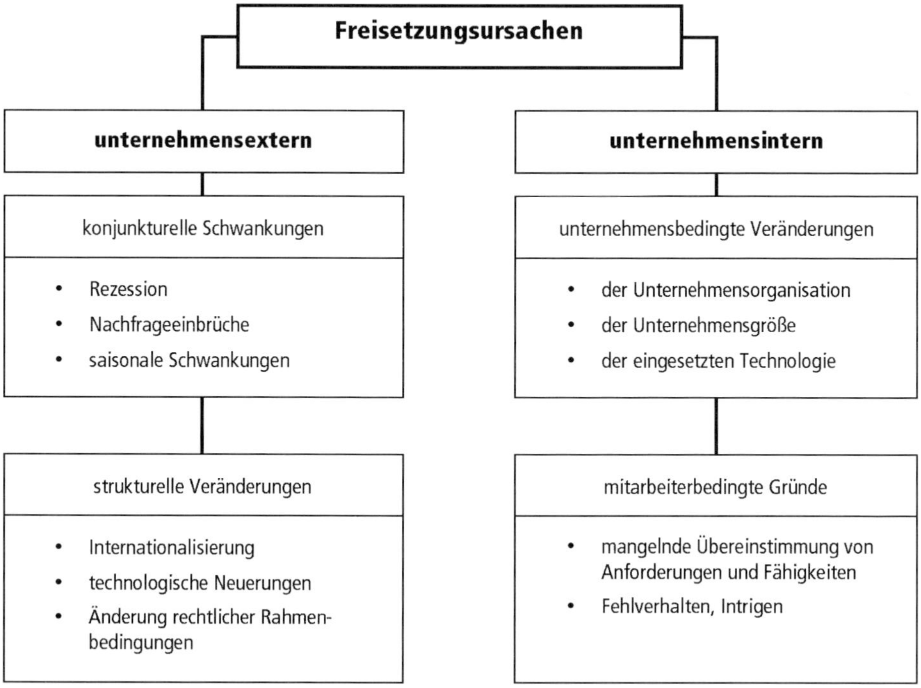

Abbildung 2.1: Systematik der Freisetzungsursachen (nach Sauer, 1991, S. 14)

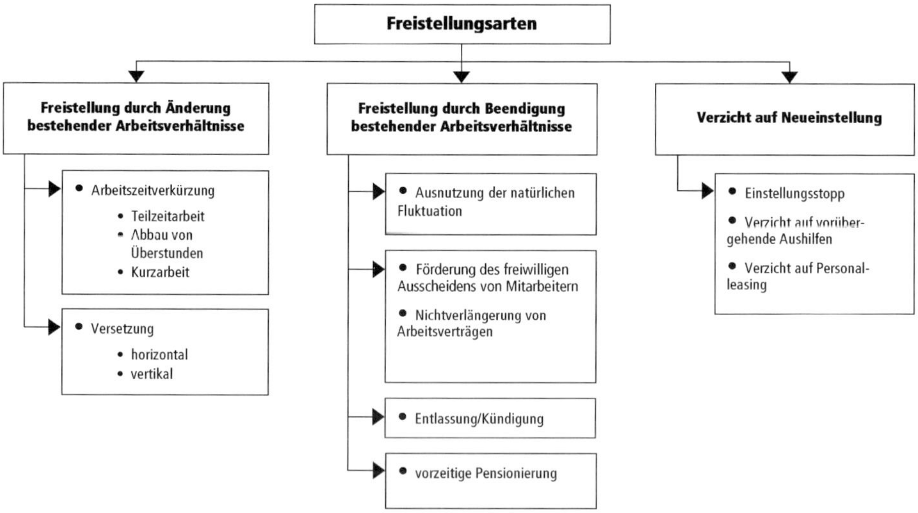

Abbildung 2.2: Freistellungsarten (Hentze 1991, S. 262)

Im Folgenden werde ich nur auf die zweite Form, die Freistellung durch Beendigung bestehender Arbeitsverhältnisse eingehen, da nur diese Trennungsform u. U. das Angebot einer Outplacementberatung beinhaltet.

2.1.1 Formen der Trennung

Die zahlenmäßige Reduzierung des Personalbestandes (des sogenannten «Headcount») wird leicht verbrämt in der betriebswirtschaftlichen Literatur als «Quantitative Anpassungsmaßnahmen im engeren Sinne» (Becker, 1988) beschrieben. Dabei unterscheidet z. B. Albrecht (1998, S. 21) zwischen «Bestandsminderung *ohne* Entlassungen und Bestandsminderung *durch* Entlassungen».

In Zusammenfassung von Becker (1988) entwickelt Albrecht (1998) einen sehr übersichtlichen Überblick der Personalanpassungsmaßnahmen, die in der **Abbildung 2.3** auf S. 26 verdeutlicht werden.

Die beiden möglichen Formen, bei denen Outplacement zum Tragen kommen kann, sind Aufhebung und Kündigung. Für beide werde ich sehr kurz auf die rechtlichen Aspekte eingehen; Interessierte können sich in der einschlägigen juristischen Literatur und den Kommentierungen zum Arbeitsrecht (z. B. Schaub, 1996) informieren.

2.1.1.1 Kündigung

Kündigungen können arbeitnehmer- wie arbeitgeberseitig ausgesprochen werden. Die Kündigung ist eine einseitige, empfangsbedürftige, eindeutige Willenserklärung, die zur Beendigung des Arbeitsverhältnisses führt (vgl. u. a. Weber, Mayrhofer, und Nienhüser, 1997, S. 157). Arbeitgeberseitig gibt es zwei Formen von Kündigung: die ordentliche (fristgemäße) Kündigung und die außerordentliche (fristlose) Kündigung. Die außerordentliche Kündigung wird hier nicht weiter diskutiert, da in diesem Falle nach § 626 Abs.1 BGB Tatsachen vorliegen müssen, die es – unter Berücksichtigung aller Umstände des Einzelfalls und unter Abwägung der Interessen – einer Seite nicht zumuten lassen, dass das Dienstverhältnis bis zum Ablauf der Kündigungsfrist oder des vereinbarten Zeitraumes fortgesetzt wird. Dies sind schwierige und herausgehobene Fälle in der betrieblichen Praxis und für die Outplacementberatung in keiner Weise relevant, da arbeitgeberseitig in diesem Falle keinerlei Interesse an einer Milderung der Kündigungsauswirkungen vorliegt, es sei denn, der Arbeitgeber schreckt grundsätzlich vor diesem Schritt zurück und bietet eine Aufhebung an.

Die ordentliche Kündigung wiederum muss in personenbedingte Kündigung (Motive für die Kündigung liegen in der Person des Arbeitnehmers begründet), verhaltensbedingte Kündigung (Motive für die Kündigung liegen im Verhalten des Arbeitnehmers begründet) und betriebsbedingte Kündigung (Motive für die Kündigung liegen in dringenden betrieblichen Erfordernissen begründet) unterschieden werden (siehe auch u. a. Schaub, 1996). In jedem Falle ist eine Kündigung mitbestimmungspflichtig und der Betriebsrat ist in diesem Zusammenhang entscheidender Partner für Arbeitgeber wie Arbeitnehmer.

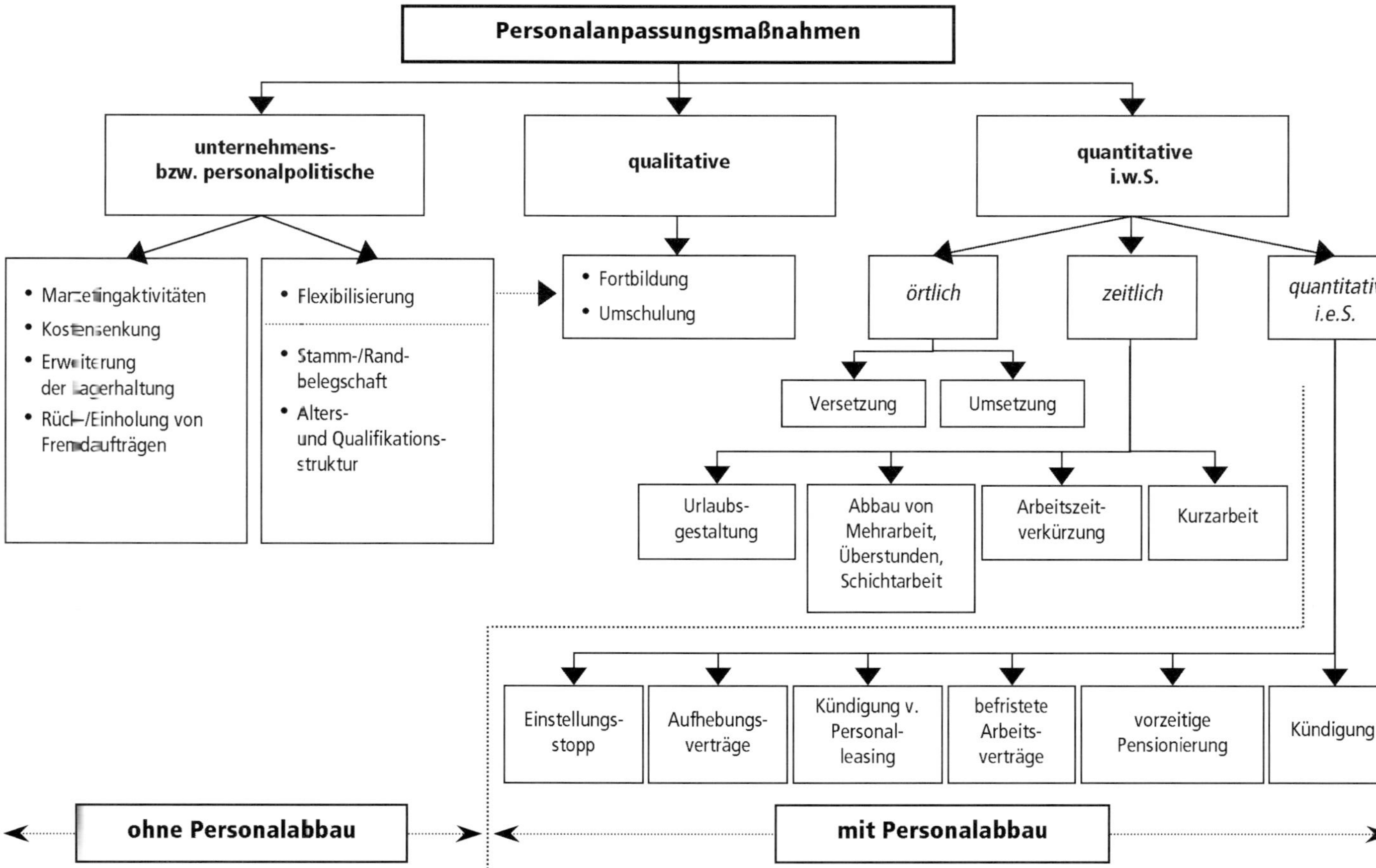

Abbildung 2.3: Personalanpassungsmaßnahmen (Albrecht, 1998, S. A2)

Die wahrscheinlichste Form der Kündigung, die zum Angebot von Outplacement seitens des Arbeitgebers führt, ist die betriebsbedingte Kündigung. Die Gründe liegen auf der Hand:

- Die Kündigung erfolgt nicht aus Gründen, die vom Mitarbeiter selbst verschuldet sind
- Das Unternehmen fühlt sich (in irgendeiner Form) verpflichtet, für den Mitarbeiter die Härte der Entscheidung zu mildern
- Der Betriebsrat tendiert zur Unterstützung der Outplacement-Maßnahme, da die Fronten bis zum Ausspruch einer betriebsbedingten Kündigung geklärt sind und die Maßnahmen als Unterstützung und nicht als Verführung zum Gehen verstanden werden
- Der Mitarbeiter kann das Angebot annehmen, da die Gründe nicht in ihm liegen und er nun sehen muss, wie er sich im Arbeitsmarkt platziert

Etwas anders gestalten sich die Gründe bei einer Outplacementberatung, die sich aus einem Aufhebungsvertrag ergibt. Doch zunächst einmal Grundsätzliches zur Trennung durch Aufhebungsverträge.

2.1.1.2 Aufhebungsvertrag

Bei der Anwendung von Aufhebungsverträgen wird das bestehende Arbeitsverhältnis zu einem bestimmten Zeitpunkt durch übereinstimmende Willenserklärungen von Arbeitnehmer und Arbeitgeber beendet. Damit werden arbeitsgerichtliche Auseinandersetzungen vermieden, da die Auflösung des Arbeitsverhältnisses freiwillig und einvernehmlich vollzogen wird. Da ein Aufhebungsvertrag im Rahmen allgemeiner Vertragsfreiheit lt. § 305 BGB geschlossen wird, spielt die Beachtung aller betriebsverfassungsrechtlichen und kündigungsschutzrechtlichen Vorschriften, d. h. aller arbeitsrechtlichen Schutzvorschriften (wie Sozialauswahl, Mitbestimmung des Betriebsrates, Mutterschutz, Erziehungsurlaub etc.) keine Rolle. Durch einen korrekt abgeschlossenen Aufhebungsvertrag wird eine Kündigungsschutzklage ausgeschlossen.

Der Abschluss eines Aufhebungsvertrages wird arbeitgeberseitig häufig durch den berühmten «golden handshake», d.h. durch eine Abfindungssumme gefördert.

Arbeitgeber schließen Aufhebungsverträge aus grundsätzlich drei unterschiedlichen Gründen ab:

- Das Arbeitsverhältnis ist nicht kündbar, da die ordentliche Kündigung aufgrund von z. B. Schutzbestimmungen für ältere Arbeitnehmer, Mutterschutz, Erziehungsurlaub u. a. nicht möglich ist.
- Es fehlen die Voraussetzungen für eine ordentliche personenbezogene, verhaltensbezogene oder betriebsbedingte Kündigung, so dass die Trennung nur per Aufhebungsvertrag erfolgen kann.
- Es liegen Voraussetzungen für eine außerordentliche Kündigung vor, der Arbeitgeber will diese aber nicht aussprechen und schließt alternativ einen Aufhebungsvertrag.

Bei einer *einvernehmlichen* Trennung wird in allen Fällen das Prestige nach außen erhalten und bei personenbedingten Trennungen können beide Parteien das Gesicht wahren.

Die Gründe eines Arbeitnehmers zum Abschluss eines Aufhebungsvertrages sind ebenfalls vielfältig und eher sehr individuell begründet. Seit Inkrafttreten des SGB III (seit dem 1.1.1998) ergeben sich nämlich Auswirkungen für den Arbeitnehmer vor allem in arbeits- und sozialrechtlicher Hinsicht, die bis dahin nicht existierten. Seit diesem Datum wird dem Arbeitnehmer bei Unterzeichnung einer Aufhebungsvereinbarung laut Gesetzgebung ein Mitverschulden angelastet, was zur Anrechnung der Abfindungszahlungen nach §140 SGB III und zum Ruhen des Anspruchs auf Arbeitslosengeld bei Sperrzeit nach §144 SGB III führt bzw. nach Entscheidung des Arbeitsamtes führen kann. In meiner betrieblichen wie beraterischen Praxis habe ich trotzdem erlebt, dass Arbeitnehmer Aufhebungsvereinbarungen unterschrieben. Die Gründe lagen u. a. darin, dass die Höhe der Abfindungszahlung die Sperrzeit vollständig kompensierte – und noch etwas übrig blieb. Manche Arbeitnehmer erreichten so einen vorgezogenen Ruhestand, da sie nach dem Ende der Sperrzeit und der daran folgenden Arbeitslosigkeit die Altersgrenze erreichten. Manche hatten bereits eine andere Beschäftigung in Aussicht und genossen die zusätzliche Zahlung. Manche sahen keine Zukunft in ihrer bisherigen Organisation und nahmen deshalb das Angebot an. Andere, vor allem in den neuen Bundesländern, wussten, dass der Personalabbau kommen würde und wollten nicht unter die Massenentlassung fallen, sondern vorher ohne unzählige ehemals innerbetriebliche Konkurrenten eine neue Tätigkeit in ihrer Heimatstadt suchen.

Betriebsräte und Gewerkschaftler stehen nach meiner Erfahrung und der Erfahrung von Kollegen dem Abschluss von Aufhebungsverträgen häufig skeptisch gegenüber. Denn hier werden individuelle Vereinbarungen getroffen, die keine betriebliche oder tarifvertragliche Bindung zeitigen. Es kommt letztendlich auf das Verhandlungsgeschick des Arbeitnehmers (und dessen Vertretern wie z. B. Rechtsanwälten) an, inwieweit er eine gute oder weniger gute Regelung erzielt. In diesem Zusammenhang wird auch Outplacement als eine Teilvereinbarung innerhalb eines Aufhebungsvertrages häufig von Betriebsräten abgelehnt. Sie sehen diese Maßnahme als eine Verführung zur Unterschrift unter den Aufhebungsvertrag an. Outplacement ist in ihren Augen eine Maßnahme, die dem Arbeitnehmer individuell nützt, da die individuelle Beratung eine hohe Erfolgsquote aufweist, arbeitnehmerseitig aber die Solidarität und Organisiertheit stört oder gar zerstört. Andererseits sei hier noch einmal darauf verwiesen, dass Abfindungen sich von ihrem Charakter her auf die berufliche Vergangenheit beziehen und somit keine neuen beruflichen Perspektiven für die Mitarbeiter schaffen und die berufliche *Zukunft* der Mitarbeiter ausblenden (Kern, 2000, S. 66; Hofmann, 2001, S. 13). Outplacement hingegen bietet die Orientierung in die Zukunft und favorisiert die Plazierung im ersten Arbeitsmarkt. Böhnke und Bernt (2001) nennen für Outplacement den Anspruch

> «[…] durch die Lösung der Grundproblematik (Erwerbslosigkeit, Karriereknick der Betroffenen und die hieraus resultierenden Folgen) im Rahmen des Trennungsprozesses eine

klassische Win-Win-Situation zu schaffen: Das kündigende Unternehmen vermeidet die bekannten Nachteile bei Personalabbau (Imageschäden, Verunsicherung nach innen, Gerichtsverfahren, Kosten), dem freigesetzten Mitarbeiter wiederum bietet sich die Chance, aus der potenziellen Karriere-Falle Kündigung unbeschadet, häufig sogar gestärkt hervorzugehen.»

Zu beobachten ist in diesem Zusammenhang die Zunahme der in Sozialplänen vereinbarten Outplacementmaßnahmen: wo also die Entlassung nicht zu vermeiden ist, entscheiden sich die Interessenvertretungen auch im Zuge des Übergangs vom Arbeitsförderungsgesetz zum SGB III für Outplacementmaßnahmen, da die Arbeitnehmervertreter zum Teil mit Zuschüssen zu Sozialplanmaßnahmen (§§ 254 ff. SGBIII) rechnen können. Mehr hierzu wird in Kapitel 3 unter dem Thema Gruppenoutplacement dargestellt.

2.2 Vorteile des Outplacement?

An dieser Stelle möchte ich nochmals die Definition von Outplacement einfügen, wie ich sie in Anlehnung an v.Rundstedt (1994) für dieses Buch festgelegt habe:

> Outplacement ist «[...] die vom Arbeitgeber finanzierte Beratung und Unterstützung eines freizusetzenden oder freigesetzten Mitarbeiters bei der Suche nach einem neuen Arbeitsplatz, der seinen Qualifikationen und Bedürfnissen entspricht.» (v. Rundstedt, 1999, S. 344).

Es sind also im üblichen Falle drei Parteien an diesem Prozess beteiligt: der Arbeitgeber, der Mitarbeiter und das Beratungsunternehmen.

Der Nutzen des Outplacement für die Outplacementberatungsfirma ist offensichtlich: die Dienstleistung Outplacementberatung wird in Anspruch genommen und bezahlt.

Für Arbeitgeber ergibt sich ein durchaus vielschichtiges Bild, das ich zunächst in Anlehnung an v. Rundstedt (1999, S. 352 ff) darstellen will. V. Rundstedt führt neben der *eindeutigen* Möglichkeit der Kostenersparnis unternehmenspolitische, organisationspsychologische und individuelle Aspekte an, wie sie in **Abbildung 2.4** auf S. 30 dargestellt sind.

Der Nutzen für Arbeitnehmer lässt sich laut v.Rundstedt (1999) unterscheiden in finanzielle, berufliche und psychologische Aspekte, wie **Abbildung 2.5** auf S. 31 zeigt.

Schulz et al. (1989, S. 39 ff) benennen ähnliche, zum Teil noch detailliertere Vorteile und Nutzen für das Unternehmen bzw. für den Mitarbeiter. So gliedern sich die Vorteile für das Unternehmen in rechtliche Aspekte, finanzielle Aspekte, unternehmens- und personalpolitische Aspekte, organisationspsychologische und schließlich individuelle/soziale Aspekte. Arbeitnehmer erfahren Nutzen und Vorteile unter finanziellen Aspekten, Karriereaspekten, Bewerbung und Stellensuche, sowie psychologischen Aspekten. Die Nutzenaspekte für beide Parteien nach Schulz et al. (1989) sind in **Abbildung 2.6** und **2.7** auf S. 32 und 33 dargestellt.

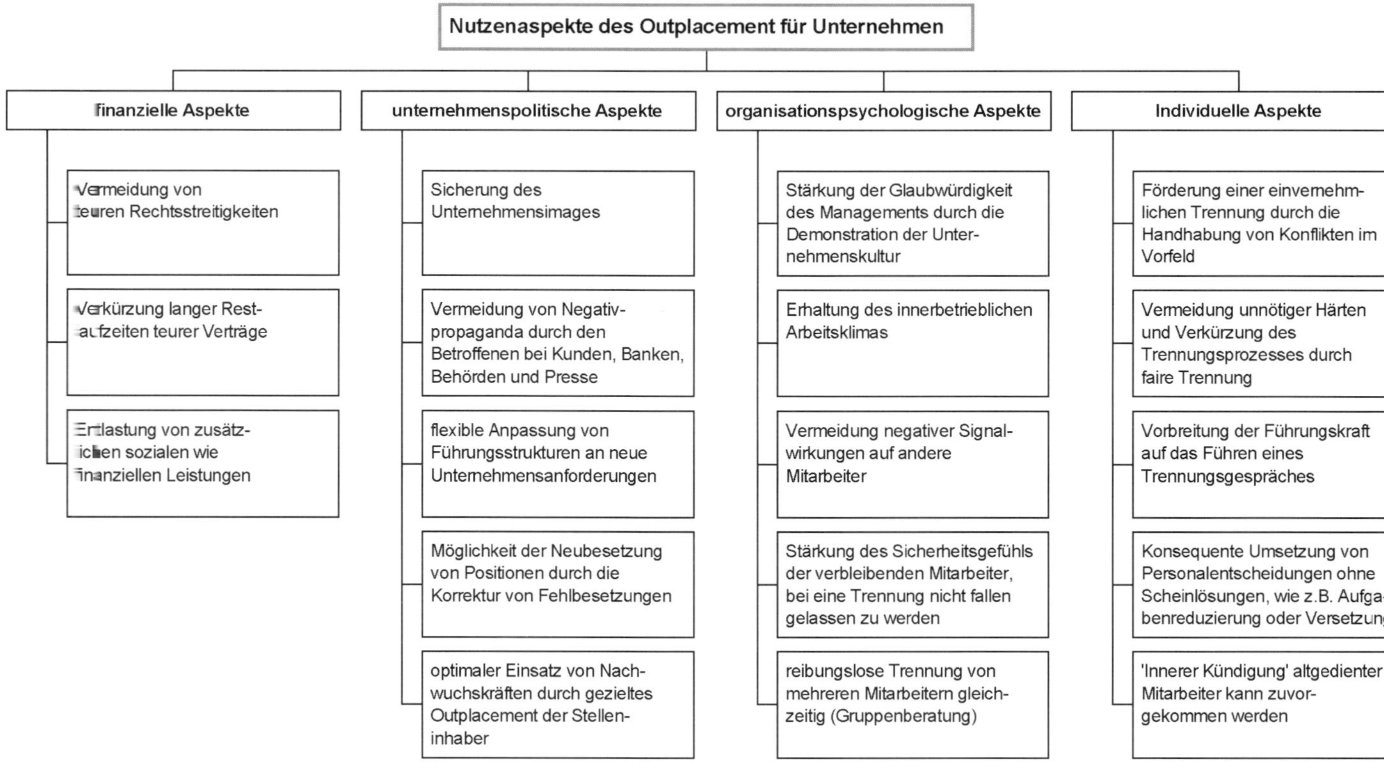

Abbildung 2.4: Nutzen des Outplacement für Arbeitgeber (in Anlehnung an v. Rundstedt, 1999, S. 353)

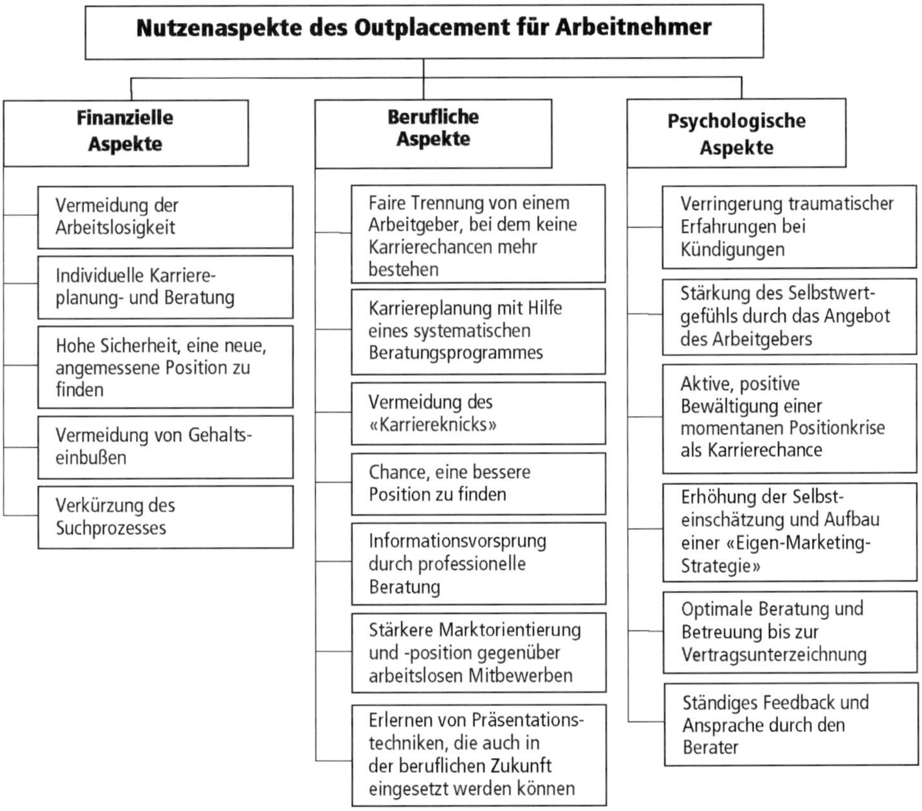

Abbildung 2.5: Nutzen des Outplacement für Arbeitnehmer (in Anlehnung an v. Rundstedt, 1999, S. 353 f)

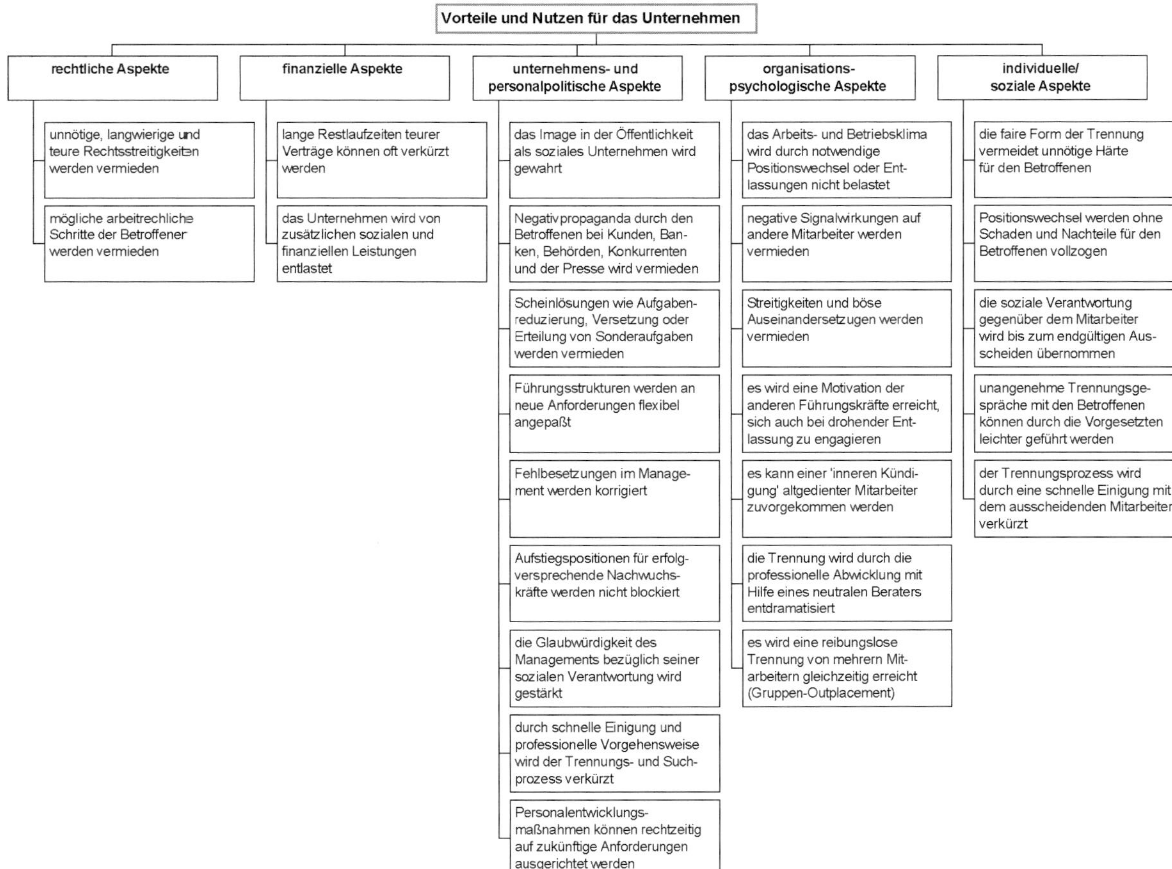

Abbildung 2.6: Nutzen für das Unternehmen (in Anlehnung an Schulz et al., 1989, S. 39 f)

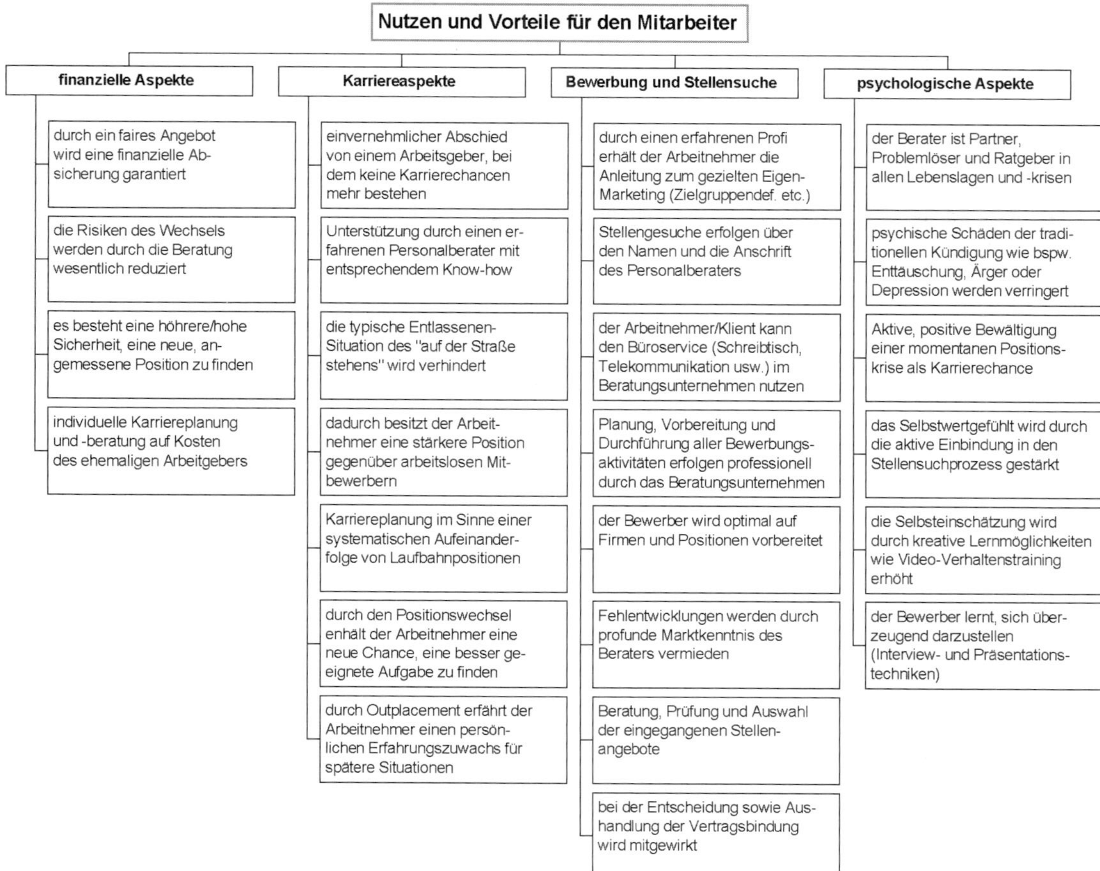

Abbildung 2.7: Nutzen für den Arbeitnehmer (in Anlehnung an Schulz et al., 1989, S. 41 f)

Andrzejewski (2001) betont in Hinblick auf Arbeitnehmer stärker die auf die Beratung bezogenen Nutzenaspekte, wie Kompensation des Trennungstraumas, Aufbau seines Selbstwertgefühls, emotionale Begleitung, Fremdeinschätzung durch einen Externen bis hin zur Sicherung der neuen Position. Diese Nutzenaspekte gewichtet er jedoch nicht, sondern stellt sie nebeneinander mit der Frage nach den jeweilig betroffenen Individuen und ihren Bedürfnissen, wie **Abbildung 2.8** zeigt.

Abbildung 2.8: Nutzen von Outplacementberatung für den gekündigten Mitarbeiter (Andrzejewski, 2002, S. 198)

Außerdem fügt Andrzejewski (2001) neben den Nutzen für das Unternehmen auch den Nutzen für die Führungskraft, die das Outplacement-Angebot unterbreitet hinzu. Für sie eröffnet sich die Möglichkeit im Trennungsgespräch «etwas anbieten» zu können, eine Perspektive aufzeigen zu können und die Dokumentation der eigenen sozialen Verantwortung. Die Vorteile für das Unternehmen unterscheiden sich bei Andrzejewski (2001) nicht von den vorgenannten bei v. Rundstedt (1999).

Biasion (1993, S. 26f, zit. nach Albrecht, 1999) vergleicht Outplacement und ausgesuchte traditionelle Freisetzungsarten in Hinblick auf Vorteile und Nutzen für beide Seiten und kommt dabei zu einem durchaus positiven Ergebnis hinsichtlich des Nutzens von Outplacement – sowohl bei internem als auch bei externem Outplacement, wie **Abbildung 2.9** auf S. 36 verdeutlicht.

Alle oben genannten Autoren betonen den Aspekt der sozialen Verantwortung, die nach innen und außen abstrahlt, wenn sich ein Unternehmen für das Angebot eines Outplacements entscheidet, sowie die Chancen, die eine Outplacementberatung für den Mitarbeiter bietet.

Dabei stellt sich durchaus die Frage, wie unterschiedlich diese Chancen Führungskräften und Spezialisten einerseits und «einfachen» Mitarbeitern andererseits von Seiten der Unternehmen gegeben werden. Welches ist die ethische Grundhaltung von der aus ein Unternehmen Outplacement anbietet? Warum gibt es die Unterscheidung, Outplacement z. B. nur Führungskräften anzubieten? Die Diskussion führt in diesem Buch zu weit, ich hoffe aber, daß dieser Aspekt des «für Wen» in die Entscheidung für oder gegen Outplacement einfließt.

Im Folgenden Kapitel sollen nun die Zielgruppen und möglichen Formen des Outplacements beschrieben, sowie der «typische Klient» skizziert werden.

Maßnahme	**Beförderung auf unbedeutende Positionen**	**Verlagerung von Entscheidungskompetenzen**	**Wegloben**	**Bewusste Über-/ Unterforderung (Provokation einer Kündigung)**	**Vorzeitige Pensionierung**	**Externes Outplacement**	**Internes Outplacement**	**arbeitgeberseitige Kündigung**	**Aufhebungsvertrag**
Ergebnis	Verbleib des Mitarbeiters	Verbleib	Verlassen	Verlassen	Verlassen	Verlassen	beide Optionen offen	Verlassen	Verlassen
Mitarbeiterseite	Frustration, ggf. innere Kündigung	Frustration, ggf. innere Kündigung	sofern geeignetere Aufgabe u. U. höhere Arbeitszufriedenheit	Frustration, ggf. innere Kündigung	Frustration, Trennungsschock des Mitarbeiters	Unterstützung bei der Trennungsverarbeitung	Unterstützung bei der Verarbeitung der Freisetzung	Frustration, Trennungsschock	Frustration, Trennungsschock
Kostenvermutung	hohe Kosten für das Unternehmen bei vermindertem Gegenwert	hohe Kosten für das Unternehmen bei vermindertem Gegenwert	keine Kosten für das Unternehmen	eher hohe Kosten durch Provokation langwieriger Rechtsstreitigkeiten	ggf. Kosten infolge Rechtsstreitigkeiten, Betriebsrente u./o. Abfindung	Kosten für den externen Outplacementberater	Kostenminimierung bei Trennungen dadurch, daß der Mitarbeiter selber sucht	teure Abfindungen, u.U. langwierige Rechtsstreitigkeiten	Abfindungen, u.U. Rechtsstreitigkeiten
Position	Vakantmachung teuer	Blockierung von (Aufstiegs-) positionen	Vakantwerdung der Position ist zeitlich unbestimmt	Position wird u.U. unternehmensintern entwertet	Vakantmachung zeitlich bestimmbar	Vakantmachung ohne Scherben	Vakantmachung ohne Scherben	Vakantmachung u. U. teuer	kaum Auswirkungen
Unternehmensumwelt	kaum Auswirkungen auf die Unternehmensumwelt	Verunsicherung der Unternehmensumwelt durch nicht kompetente Ansprechpartner	ggf. Beeinflussung, wenn der Mitarbeiter in maßgeblichen Unternehmen in Schlüsselpositionen gelangt	Schädigung des Unternehmens durch Dienst nach Vorschrift bis zur Sabotage	kaum Auswirkungen	Vermeidung einer Beeinträchtigung des Goodwill	Vermeidung einer Beeinträchtigung des Goodwill	erhebliche Beeinträchtigung des Goodwill durch Imageschäden	ggf. Beeinträchtigung des Goodwill durch Imageschäden

Maßnahme	Beförderung auf unbedeutende Positionen	Verlagerung von Entscheidungskompetenzen	Wegloben	Bewusste Über-/ Unterforderung (Provokation einer Kündigung)	Vorzeitige Pensionierung	Externes Outplacement	Internes Outplacement	arbeitgeberseitige Kündigung	Aufhebungsvertrag
Besonderheiten	teure Elefantenfriedhöfe	Stärkung der informellen Organisation und Vermischung formaler Strukturen	mittlerweile starke Vorbehalte gegen dieses Instrument	wird dem Mitarbeiter menschlich nicht gerecht, zeugt nicht von besonderen Führungsqualitäten des Vorgesetzten	der Mitarbeiter geht unvorbereitet in einen neuen Lebensabschnitt	sowohl Unternehmens- als auch Mitarbeiterinteressen werden berücksichtigt; Rückgriff auf Know-how des Mitarbeiters erscheint in bestimmten Fällen möglich (Beratervertrag); Mitarbeiter wird in jeder Phase der Trennung aktiv unterstützt; Vermeidung eines Interessenkonflikts des Outplacementberaters	sowohl Unternehmens- als auch Mitarbeiterinteressen werden berücksichtigt; Rückgriff auf Know-how des Mitarbeiters erscheint in bestimmten Fällen möglich (Beratervertrag); Potentialermittlung des Mitarbeiters unter Ausschaltung möglicher personenbedingter Konflikte mit Vorgesetzten, dadurch unternehmensseitige Kontrolle des Qualifikation- und Know-how-Abflusses; Entlastung von Vorgesetzten bei der Übermittlung der Freisetzungsnachricht	herkömmliche Art der Trennung, die nur Einfluss auf die Konditionen und die finanzielle Seite der Trennung nimmt	elegantere Art der Trennung, die überwiegend nur Einfluss auf die Konditionen und die finanzielle Seite der Trennung nimmt

Abbildung 2.9: Freisetzungarten und ihre Nutzenaspekte (Biasion, 1993, entnommen Albrecht, S. A7)

3. Formen des Outplacement und der «typische» Klient

3.1 Formen des Outplacement

Der Beratungsleistung für den Klienten geht die Beratung des Arbeitgebers voraus. Eine Outplacementberatung sollte im Idealfall bereits vor den ersten Trennungsgerüchten und Trennungsabsichten beauftragt werden (u. a. v. Rundstedt, 1999, S. 345). Andrzejewski (2001) hat diesem Schritt einen Großteil seines sehr klugen Buches gewidmet und ich gehe in Kapitel 4 bei der Darstellung des gesamten Prozesses einer Outplacementberatung noch näher darauf ein. Der Berater steht in vielen Fällen im Vorfeld der Freisetzung mit seinen Erfahrungen dem Unternehmen bei der Erarbeitung eines durchdachten Trennungsprozesses zur Seite. Die Beratungsleistung im Outplacement ist je nach Anforderung und Notwendigkeit des anfragenden Unternehmens sehr vielfältig und kann in der Individualberatung eines Mitarbeiters bis hin zur Projektverantwortung für die Personalfreisetzung im Rahmen einer Restrukturierungsmaßnahme bestehen.

Die Outplacementberatung selbst wird unterschieden in Einzelberatung und Gruppenberatung (Gruppen-OPC). Die Einzelberatung wiederum kann unterschieden werden in unbefristetes Outplacement und befristetes Outplacement, wie **Abbildung 3.1** auf S. 40 zeigt.

3.1.1 Einzelberatung

Die Einzelberatung stellt die ursprüngliche Form der Outplacementberatung dar. Die typischen 3 Phasen, die bei einer unbefristeten Outplacementberatung durchlaufen werden, sind

- Analyse und Zielsetzung
- Vorbereitung der Bewerbungskampagne
- Durchführung der Kampagne im Arbeitsmarkt und Begleitung durch den Berater bis zum Bestehen der Probezeit

Abbildung 3.2 auf S. 40 zeigt die Inhalte und Abfolgen dieser drei Beratungsphasen nach v. Rundstedt & Partner auf.

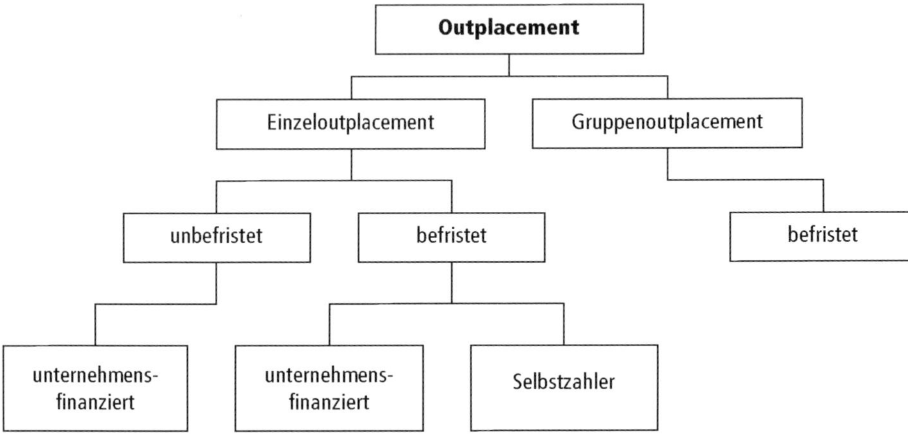

Abbildung 3.1: Typologie des Outplacement

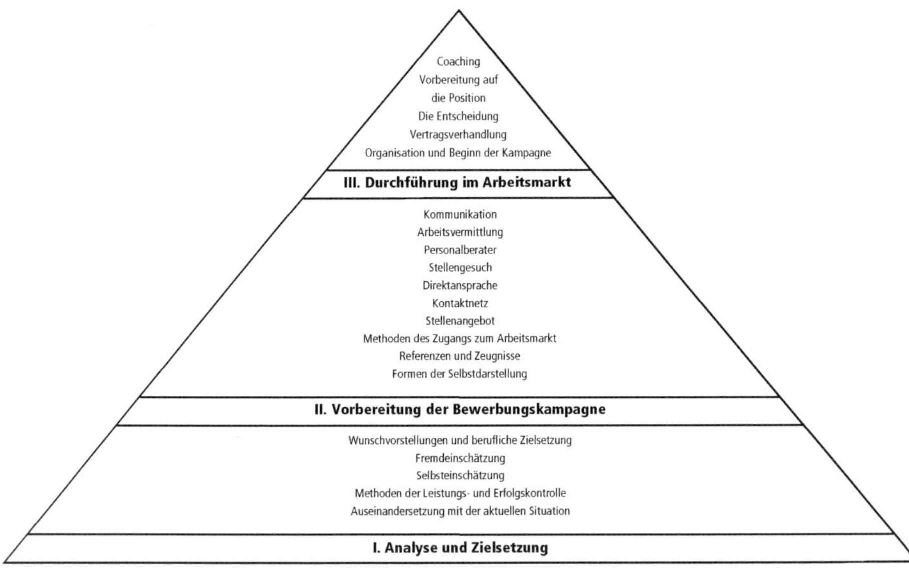

Abbildung 3.2: Phasen des Outplacement (*Handbuch zur beruflichen Neuorientierung,* DBM v. Rundstedt & Partner, 1995, S. 1)

Phase 1 «Analyse und Zielsetzung» liefert die persönlichen Grundlagen, die in Phase 2 – Vorbereitung der Bewerbungskampagne – in die unterschiedlichen Instrumente zum Arbeitsmarktzugang einfließen. Phase 3 schließlich, die Durchführung im Arbeitsmarkt, thematisiert die Umsetzung der Bewerbungskampagne bis hin zum Bestehen der Probezeit in einer neuen Tätigkeit. Auf die einzelnen Schritte wird in Kapitel 4 detailliert eingegangen.

Unbefristet ist das Outplacement dann, wenn die Beratung bis zum Bestehen der Probezeit erfolgt, d. h. wenn ein Klient in einer neu gefundenen Tätigkeit die Probezeit nicht besteht, kehrt er in die Outplacementberatung zurück und wird weiter begleitet, bis er erfolgreich eine neue Tätigkeit aufgenommen und die Probezeit bestanden hat. Diese Form der Outplacementberatung ist ideal für Berater und Mitarbeiter und letztendlich auch für das Unternehmen, das die Beratung aus sozialer Verpflichtung und als Zeichen für die verbleibenden Mitarbeiter beauftragt.

Befristungen der Beratung sind möglich und üblich zwischen 3 bis 9 Monaten. Mit dem zeitlichen Umfang einer Outplacementberatung steigen auch deren Kosten, und je jünger der Mitarbeiter, desto kürzer ist häufig die Beratung, für die das Unternehmen die Bezahlung übernimmt, da einerseits die Chancen im Arbeitsmarkt größer sind als bei älteren Mitarbeitern und andererseits häufig jüngere Mitarbeiter auch eine kürzere Unternehmenszughörigkeit haben.

Da viele Klienten bereits nach 6 Monaten eine neue Berufstätigkeit gefunden haben (67 % aller der im BDU dokumentierten Fälle benötigten eine Beratungsdauer von bis zu 6 Monaten bei einer Erfolgsquote von 96 % innerhalb eines Jahres; BDU-Studie *Outplacementberatung*, 2000; Buchhorn, 2000, S. 1 – dabei ist die Anzahl der Fälle unklar) tendieren immer mehr Unternehmen dazu, vor allem jüngeren Mitarbeitern eine befristete Beratung anzubieten. Dies bedeutet häufig die Durchführung der Phasen 1 und teilweise 2, aber nicht mehr der Phase 3 des Prozesses. Gerade bei jüngeren Klienten habe ich aber festgestellt, dass ihnen die Betreuung bis in das Bestehen der Probezeit hinein sehr nützlich ist. Sie haben noch nicht sehr viel Erfahrung in betrieblichen Zusammenhängen, und die Coachingsituation der Phase 3 ermöglicht ihnen die Reflexion bezüglich ihrer Platzierung im neuen Unternehmen und ihrer beruflichen Strategie und Karriereplanung insgesamt.

In den USA betrug 2000 der übliche Beratungszeitraum sogar nur *zwei Monate* (mündliche Auskunft, Jerry Vastano, DBM USA). Die Kollegen in den USA führten dies auf die damals günstige Konjunkturlage zurück, die eine erfolgreiche berufliche Neuorientierung erleichterte.

3.1.2 Gruppenoutplacement

Neben der Einzelberatung wird Outplacement in den letzten Jahren auch zunehmend in sogenanntem Gruppenoutplacement eingesetzt, da Re-engineerings, Unternehmensfusionen, technische Neuerungen und die gesamte Hinarbeit auf Lean Management zu häufigerer Personalfreisetzung in allen organisationalen Bereichen führt. Auch hier fühlen sich Unternehmen sozial verpflichtet, die Abbaumaßnahmen für ihre Mitarbeiter abzufedern. Um gleichzeitig Kosten zu sparen, wird den Mitarbeitern unterer Hierarchieebenen häufig ein Gruppenoutplacement angeboten.

Diese Form der Outplacementberatung wird vor allem Mitarbeiterinnen und Mitarbeitern unterer Heirarchieebenen im Gegensatz zu (außertariflichen) Fach- und Führungskräften offeriert. Ziel des Angebotes ist es, den Mitarbeitern durch die Outplacementberatung einen Vorteil auf dem Arbeitsmarkt zu verschaffen, indem sie sich von Mitbewerbern abheben und zielgerichtet präsentieren.

Üblicherweise findet Gruppenoutplacement in Gruppen von max. 10 Teilnehmern statt. Die Instrumentarien (wie aussagefähiger Lebenslauf, Marketingkampagne, die «7 Säulen der Bewerbung» u. a.), die in der Einzelberatung zum Einsatz kommen, werden auch hier vermittelt, allerdings im Gruppen-Setting. Die Beratung umfasst meist drei Tage Beratung in der Gruppe und ein bestimmtes Kontingent an Einzelstunden mit dem Berater (üblicherweise 3 bis 5 Stunden), in denen die individuellen Fragestellungen und Zielrichtungen und deren Problemlösung erarbeitet werden (vgl. auch Egle und Bens, 2001, S. 237).

Das Leistungsspektrum von Gruppenoutplacement umfasst nach Hofmann (2001, S. 9 f) u. a.:

- Bewerbungstraining
- Einzelberatung
- Bewerbungscoaching
- Qualifizierungsberatung
- Qualifizierungsmaßnahmen
- Anbahnung neuer Arbeitsverhältnisse (z. B. «Schnupperpraktika»)
- Externes Venture Management (z. B. Förderung von Ausgründungen / Managment-Buy-Outs)
- Existenzgründungsberatung
- Unterstützung bei der Arbeitssuche

Als Ersatz für ein Gruppenoutplacement bieten Unternehmen verstärkt *individuelle* befristete Beratung auch für Mitarbeiter unterer Hierarchieebenen an. In den letzten zwei Jahren bedeutete dies bei von Rundstedt und Partner, dass (tarifliche) Mitarbeiter in ca. 10 Beratungseinheiten à ca. 1,5 Stunden individuell zu ihrer beruflichen Neuorientierung beraten wurden. Nach meiner Einschätzung ist dies der richtige Schritt, denn auch hier sind die Fragen nach dem beruflichen Können, den beruflichen Zielsetzungen und den Marktanforderungen individuell zu entwickeln und zu beantworten. Die hohe Vermittlungszahl innerhalb des relativ kurzen Beratungszeitraums und die sehr positiven Rückmeldungen seitens der Betroffenen geben uns Recht.

Haari (1999) gelangt in seiner Studie zur Wirksamkeit von Gruppenoutplacement (als Kombination von Gruppenunterricht und Einzelberatung) zu dem Schluss, dass Gruppenoutplacement vor allem für schreib- und lernungewohnte Stellensuchende ohne Berufsausbildung in der angebotenen Form ohne großen Nutzen ist – er fordert eine individuelle und professionelle Beratung für diese Betroffenen.

Eine weitere Entwicklung im Gruppenoutplacement lässt sich durch die öffentliche Förderung dieser freiwilligen Personaldienstleistung (siehe auch Hofmann, 2001, S. 5 ff) beobachten. Dabei wird versucht, die betroffenen Mitarbeiter noch *vor bzw. im direkten Anschluss* an den Verlust des Arbeitsplatzes in eine neue Beschäftigung zu bringen. Im Zuge des Übergangs vom Arbeitsförderungsgesetz zum SGB III am 1.1.1998 wurden für Betriebe, deren Arbeitnehmer infolge einer Betriebsänderung von Arbeitslosigkeit bedroht und ohne Förderung voraussichtlich nicht wieder in

Beschäftigung einzugliedern sind, als ein neues Instrument Zuschüsse zu Sozialplanmaßnahmen (§§254 ff. SGB III) eingeführt.

Die Vorteile der Outplacementberatung für die Arbeitgeber und Arbeitnehmer sind für Einzel- wie Gruppenoutplacement gleich und decken sich mit den schon oben erwähnten (siehe Kap. 2.2). Für die Arbeitsverwaltung kommen aber Vorteile hinzu, die Hofmann (2001, S. 6 f) wie folgt benennt:

- Einsparung von Kosten (Arbeitslosengeld, -hilfe) durch direkte Reintegration in den (ersten) Arbeitsmarkt
- Vermeidung eines resignativen und beschäftigungsabweisenden Klimas in der Region
- Personelle Entlastung der Arbeitsverwaltung durch die Abwicklung über einen «externen» Dienstleister (z. B. Outplacementberatung)

Nach Hofmann (2001, S. 8) findet Outplacement klassisch rechtzeitig vor dem Austritt des Mitarbeiter begleitend zur Arbeitszeit statt. Outplacement kommt aber auch als integrierte Maßnahme in Auffang-, Qualifizierungs- und Beschäftigungsgesellschaften vor. Kirsch et al. (2000) stellen unterschiedliche Alternativen und Fallbeispiele für die Zuschüsse und die daraus erfolgenden Maßnahmen dar. Ein Fallbeispiel dort beschreibt den Einsatz von 10 berufsbegleitenden (Einzel)Stunden Outplacement, die für die 96 Mitarbeiter eine hohe Erfolgsquote der beruflichen Neuorientierung zeitigten (70 %). Gruppenoutplacement bzw. sehr kurzfristiges und gezieltes Einzeloutplacement als eine mögliche *berufsbegleitende* Maßnahme und als Alternative zu Beschäftigungs-, bzw. Qualifizierungsgesellschaften lassen hier also eine weitere Einsatzform des Outplacement erkennen, die in den nächsten Jahren dank der guten Erfolgsaussichten hoffentlich von mehr Unternehmen und Betriebsräten wahrgenommen wird. Denn Outplacement bietet die Möglichkeit, je nach Schwerpunktsetzung und Vorstellungen der Betriebsparteien, die Dienstleistungen an die jeweiligen betrieblichen Belange anzupassen.

Hofmann (2001, S. 12 f) nennt in Anlehnung an Adensam, Hofmann und Jaeger (2000, S. 28f) einige erfolgskritische Faktoren eines Outplacementprojektes im Rahmen von Massenentlassungen:

- Das gemeinsame Tragen des Konzeptes durch alle Betriebsparteien und dessen enge Abstimmung mit der Arbeitsverwaltung und externen Bildungsträgern
- Sorgfältige Auswahl und Management der an der Projektdurchführung beteiligten externen Personen
- Kontinuierliche Prozessbegleitung durch die Berater (bis zum Abschluss der Probezeit der neu plazierten Mitarbeiter)
- Frühe Erfolge
- Erhöhung der Employability durch individuell abgestimmte, tätigkeitsbegleitende Qualifizierungsmaßnahmen
- Rechtzeitiger Start des Outplacementprojektes – erfolgskritisch nennt Hofmann 9 bis 12 Monate vor dem Austrittsdatum der Mitarbeiter

- Ausreichende organisatorische Unterstützung der externen Parteien (Bewerberbüro vor Ort, EDV-Ausrüstung etc.)

Das Gruppenoutplacement wird in diesem Buch nicht weiter vertieft, da die volle Wirkung der Outplacementberatung sich in der Einzelberatung entfaltet. Das Gruppenoutplacement setzt, soweit organisatorisch umsetzbar, die gleichen Instrumente ein. Daher wird im Folgenden nur noch gezielt die Einzelberatung dargestellt. Die obigen Ausführungen und Literaturhinweise weisen dem interessierten Leser einen Weg zu dieser speziellen Fragestellung.

3.1.3 Selbstzahler

Nicht jede/r, der eine Outplacementberatung erfragt, wird von einem Unternehmen geschickt bzw. gefördert. Es gibt durchaus Klienten, die sich für eine eigenfinanzierte Outplacementberatung entscheiden. Diese Beratungen sind zeitlich befristet und finanziell von wesentlich geringerem Aufwand als die vom Arbeitgeber finanzierten Beratungen. Häufig sind diese «Selbstzahler» Klienten, die sich im Entscheidungsprozess über eine Trennung befinden und sich Klarheit für ihre weitere Karriereplanung und ihre Trennungsform durch die Beratung erhoffen. Nach meiner Erfahrung steht hier häufig die Coachingsituation im Vordergrund, also die Auseinandersetzung mit dem eigenen Dasein *in* der Organisation und den damit verbundenen beruflichen Plänen und Wünschen. Natürlich gibt es auch Selbstzahler, die sich aus der Arbeitslosigkeit heraus an die Beratung wenden und klare Hilfe beim Bewerbungsprozess und dem Selbstmarketing fordern, diese Fälle sind allerdings bisher eher selten.

Als Klientel machen diese Selbstzahler einen geringen Prozentsatz der Umsätze von Outplacementberatungsfirmen aus, die Zahl steigt aber merklich an. M. E. hat dies mit der größeren gesellschaftlichen Akzeptanz zu tun, die Entlassungen und Jobverlust inzwischen in weit geringerem Masse als «Scheitern» definiert als bisher (siehe auch Löwer in der Süddeutsche Zeitung vom 29/30.9.2001). Daher ist die Hinwendung zur Karriereberatung im weitesten Sinne – wie Outplacement ja auch verstanden werden kann – weit stärker als vor einigen Jahren gesellschaftlich akzeptiert.

Der Beratungsprozess für alle oben angesprochenen Beratungen, d. h. Einzelberatung, Gruppenoutplacement, Selbstzahler, ist grundsätzlich gleich ausgelegt und wird in Kapitel 4 anhand der Einzelberatung detailliert vorgestellt. Die Formen Gruppenoutplacement, befristetes Outplacement und «Selbstzahler» stellen im Grunde nur eine reduzierte Form dieses Beratungsprozesses dar, nicht eine vollständig andere. Denn hier liegen meist befristete Formen des Outplacement vor, d. h. eine zeitliche Begrenzung ist vorhanden, die einzelne Phasen verkürzt oder ganz auslässt.

Bevor die Beschreibung des Beratungsprozesses erfolgt, möchte ich die Frage nach dem typischen Klienten in der Outplacementberatung stellen.

3.2 «Der typische Klient»

Gibt es einen typischen Klienten in der Outplacementberatung? Das heisst gibt es typische Merkmale eines Outplacementklienten? Es gibt zumindest seit 1999 eine gemeinsame Statistik der Outplacementunternehmensberatungen, die in der Fachgruppe Outplacement im BDU zusammengeschlossen sind. Diese Statistik wird in 3.2.2 vorgestellt, die Voraussetzungen dafür, überhaupt ein Outplacementklient zu werden, werde ich in Kapitel 3.2.1 beschreiben.

3.2.1 Voraussetzungen für einen Outplacementklienten

In der Regel kann man die Voraussetzungen für die Teilnahme an einer Outplacementberatung nach Fischer (2001, S. 17) zusammenfassen. Dabei führt Fischer sowohl *Bedingungen für die Teilnahme* an einer Outplacementberatung an, wie auch *Bedingungen für eine erfolgreiche Durchführung* der Outplacementberatung. Der Fokus liegt dabei auf einer Einzeloutplacementberatung, die vom Unternehmen finanziert wird. Folgende Punkte werden genannt:

- einvernehmliche Trennung
- Akzeptanz von Outplacementberatung bei den Mitarbeitern des Unternehmens
- Der Betroffene muss bereit sein, an sich zu arbeiten und aktiv zu sein
- ‹gesunde› Persönlichkeit, keine Drogen etc.
- Mindest-Eignungsprofil – kein Jobhopper
- Vertrauen zwischen Berater und Klient

Diese Punkte werde ich detailliert besprechen.

3.2.1.1 Die einvernehmliche Trennung

Die einvernehmliche Trennung ist für eine Teilnahme an einer Outplacementberatung anzunehmen – ohne diese findet nach meiner Erfahrung überhaupt kein Outplacementangebot seitens des Arbeitgeber statt.

3.2.1.2 Akzeptanz für Outplacement

Mitarbeiter müssen die Akzeptanz für Outplacement aufbringen, damit dieses Instrument zum Zuge kommt. Meine Erfahrung zeigt sowohl in meiner betrieblichen als auch meiner beraterischen Praxis, dass Outplacement *einmal erfolgreich* in einem Unternehmen zum Tragen kommen musste, um dann von allen Seiten, d. h. seitens Arbeitgeber, Arbeitnehmer und Betriebsrat als wesentliche Teilvereinbarung einer Trennung angesehen zu werden. In meiner betrieblichen Praxis entschieden wir uns als Personaler für ein Outplacementangebot im Rahmen einer notwendigen Umstrukturierung einschließlich eines Personalabbaus. *Eine* Mitarbeiterin nahm das Angebot des Outplacement an und erfuhr eine erfolgreiche berufliche Neuorientierung.

Danach gehörte die Forderung nach Outplacement seitens Betriebsrat und Mitarbeitern zur Standardforderung bei Trennungsgesprächen. Das Unternehmen verlagerte später seinen Standort von Berlin nach Brandenburg und im Sozialplan war die Beratung zur beruflichen Neuorientierung als selbstverständlich verankert.

3.2.1.3 Aktivität des Betroffenen und seine Fähigkeit an sich zu arbeiten

Die Voraussetzung der Aktivität des Betroffenen und seiner Fähigkeit an sich zu arbeiten wird vor allem seitens der Berater erwartet und im Erstgespräch geprüft. Die Outplacementberatung ist keine Personalberatung im Sinne von umgekehrtem Headhunting wie «wir suchen für Sie eine passende Stelle». Sie stellt sich auf den Einzelnen ein und erfordert den Einsatz des Einzelnen, denn innerhalb des Prozesses wird viel Öffnungsbereitschaft und Initiative von ihm verlangt. Hofmann (2001, S. 10) formuliert dies folgendermaßen:

> «Outplacement impliziert daher immer auch Self-Placement. Nahziel der Einzelberatung ist die Auslösung von Lernprozessen, die eine selbständige Bewältigung aktueller und zukünftiger Problemstellung ermöglicht.»

Berater sind durchaus bereit und in der Lage, einen potentiellen Klienten abzulehnen, wenn die Bereitschaft zum Lernen und damit auch zur Reflexion fehlt. Meist werden solche Klienten aber entweder durch das Erstgespräch selbst abgeschreckt oder entscheiden sich ganz allgemein gegen die Outplacementmaßnahme.

3.2.1.4 Gesundheit des Klienten

Eine weitere Voraussetzung für eine mögliche und gute Beratung ist die Gesundheit des Klienten. Fischer (2001, S. 17) erwähnt hier vor allem die psychische Gesundheit, d.h. die Abwesenheit psychopathologisch gewichtiger Störungen sowie die Nicht-Abhängigkeit von Drogen wie Alkohol und anderen. Alkohol ist noch immer *die* Managerdroge und manches Unternehmen schreckt davor zurück, den Mitarbeiter während einer Therapie zu begleiten und ihn als arbeitsrechtlich unkündbar einige Zeit «mitzuschleppen». Ist es da nicht einfacher, eine einvernehmliche Trennung herbeizuführen und dem Mitarbeiter wie der Umgebung Sand in die Augen zu streuen, indem eine Outplacementberatung angeboten wird? – er wird schon etwas finden... Die Berater können auch in diesem Fall einen Klienten ablehnen und an eine angemessene Einrichtung wie Suchtberatung o. ä. verweisen. In meiner beraterischen Praxis führte eine zunächst nicht erkannte und vom Unternehmen explizit verschwiegene Alkoholabhängigkeit zum Abbruch der Beratung.

Nicht immer ist eine vollständige Ablehnung seitens des Beraters angezeigt oder angeraten. In meiner beraterischen Praxis habe ich einen Fall erlebt, in dem der zu beratende Manager schwer physisch erkrankte. Der beratende Kollege vereinbarte eine Unterbrechung der Beratung und der Klient nahm diese nach der Rekonvaleszenz nach 18 Monaten wieder auf. Er fand innerhalb eines halben Jahres eine angemessene berufliche Tätigkeit. Diese Möglichkeit der Unterbrechung und Wiederaufnahme besteht für unterschiedliche Fragestellungen und Zielsetzungen. Ich selbst habe schon eine Outplacementberatung unterbrochen und der Klient ging in therapeutische Betreuung und wir nahmen die Beratung nach Beendigung der Therapie wieder auf. Begleitende Beratung während der Therapie ist in vielen Fällen kontraproduktiv, da nach unserer Erfahrung die therapeutische Auseinandersetzung viel Zeit und Energie des Klienten bindet – und die Orientierung hin zum Arbeitsmarkt in einer akuten therapeutischen Situation nicht immer angezeigt ist.

3.2.1.5 Mindesteigungsprofil – kein Jobhopper

Die Voraussetzung «Mindesteignungsprofil – kein Jobhopper» ist selbstverständlich, da Jobhopper wiederum unwahrscheinliche Klienten für ein Outplacementangebot seitens des jeweiligen Arbeitgeber sind, der ihre berufliche Biographie ja aus dem Einstellungsprozess und den Akten kennt. Deutsche Arbeitgeber tendieren eher dazu, «langgedienten» Mitarbeitern das Angebot Outplacement zu unterbreiten – jungen Mitarbeitern wird dann ein Outplacementangebot unterbreitet, wenn die Trennung aufgrund von z. B. Fusionen angezeigt ist, d. h. keinerlei Verschulden seitens der Mitarbeiter gegeben ist und der Arbeitgeber ein Interesse an der stillen Verabschiedung hat.

3.2.1.6 Vertrauen zwischen Klient und Berater

Vertrauen zwischen Klient und Berater ist eine essentielle Voraussetzung für eine Beratung. Ähnlich wie bei der Auswahl einer anderen Dienstleistung sind hier häufig die ersten Minuten entscheidend für Vertrauen und/oder Sympathie seitens des Klienten. Auch Berater haben natürlich Vorlieben – aber die berufliche Ethik erfordert an dieser Stelle, dass alle Klienten eine gute und vertrauensvolle Betreuung erfahren (Näheres hierzu siehe auch in Kap. 5). Vertrauen muss aber auf beiden Seiten vorhanden sein, sonst ist die Beratung zum Scheitern verurteilt. Auch hier habe ich einmal einen Abbruch der Beratung erlebt. Der Klient «verriet» seine Aktivitäten nicht, bzw. erst, wenn er gescheitert war, da er mich als verlängerten Arm seines ehemaligen Arbeitgebers begriff – dies aber nie thematisierte und bei meiner Ansprache vehement dementierte. Schließlich machte er so jede Vertrauensbildung zunichte; die Beratung wurde auf meinen Wunsch hin abgebrochen.

Dies sind also die allgemeinen Voraussetzungen für eine Outplacementberatung; nun möchte ich das «typische» Klientenprofil vorstellen, dabei stütze ich mich für die Daten auf die Studie des BDU für das Jahr 2000, in der die Statistiken der im Fachbereich Outplacement zusammengeschlossenen Unternehmensberatungen einflossen. Die Anzahl der untersuchten Kandidaten in dieser Statistik bleibt unklar (n = ?).

3.2.2 Das Klientenprofil

Das durchschnittliche Alter der Outplacementklienten verändert sich zusehends. Früher überwog der Anteil der Über-Fünfzigjährigen, heute sind die Klienten deutlich jünger, sowohl was die Einzelberatung, wie in **Abbildung 3.3** ersichtlich, als auch was die Gruppenberatung angeht, wie **Abbildung 3.4** zeigt

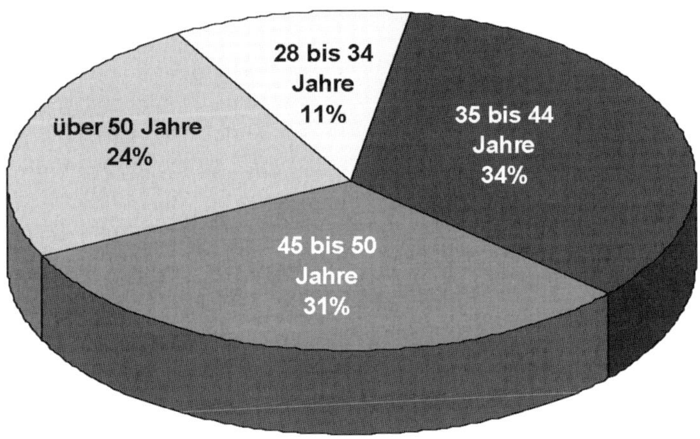

Abbildung 3.3: Durchschnittsalter der betreuten Outplacement-Klienten in der Einzelberatung (BDU Studie, *Outplacement,* 2000, S. 7)

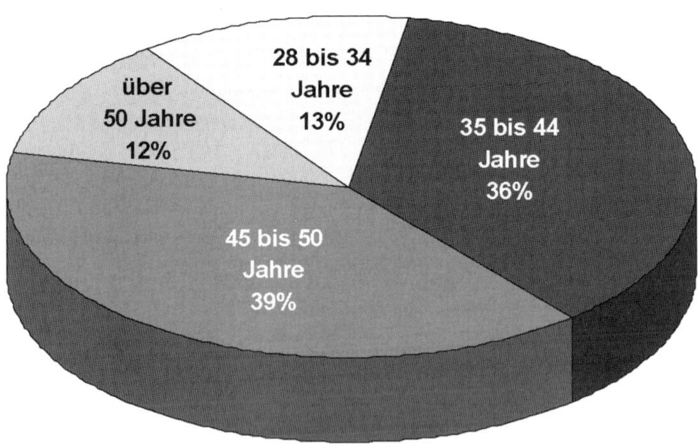

Abbildung 3.4: Durchschnittsalter der betreuten Outplacement Klienten in der Gruppenberatung (BDU Studie, *Outplacement,* 2000, S. 8)

Auffallend ist, dass die Gruppe der über-fünfzig-Jährigen, die beraten wurden, im Einzeloutplacement doppelt so hoch ist wie im Gruppenoutplacement. Die Aussichten für Manager über Fünfzig stehen auf dem Arbeitsmarkt bis heute sehr gut im Gegensatz zur Gruppe der hierarchisch niedriger angesiedelten Arbeitnehmer, d.h. Unternehmen bieten Managern in diesem Alter durchaus eine Beratung zur beruflichen Neuorientierung an, während geringer qualifizierte Mitarbeiter über fünfzig Jahre dieses Angebot weniger wahrnehmen können. Sie sollen sich seitens des Arbeitgebers nach meiner Erfahrung eher in Richtung Vorruhestand und vorgeschalteter Arbeitslosigkeit orientieren. Die über fünzigjährigen, geringer qualifizierten Mitarbeiter sind also eher keine Gruppe, in die ein Unternehmen noch investiert.

Zur geschlechtsspezifischen Verteilung teilt die Studie leider nur mit, dass sich

> «[...]im Einzeloutplacement die trotz aller emanzipatorischen Anstrengungen noch immer vorhandene faktische Männerdominanz in den mittleren und oberen Führungsebenen [...]»

widerspiegele. Im Gruppenoutplacement liege ein ausgewogeneres Verhältnis vor, was dem Niveau der Geschlechterverteilung der gesamten berufstätigen Bevölkerung in etwa entspräche. Nach den statistischen Kennzahlen für das Jahr 2000 bedeutet dies ungefähr 42 % Frauenanteil im Gruppenoutplacement und etwa 11 % Frauenanteil im Einzeloutplacement (nach APEC, L'émploi des Cadres, 1999).

Die Gehaltsstrukturen des typischen Outplacementklienten, die in **Abbildung 3.5** dargestellt sind, machen nochmals deutlich, dass ein Großteil der Klienten aus dem mittleren und gehobenen Management kommt. Die Gehaltsstrukturen korrespondieren mit den Alterstrukturen des mittleren Berufslebens.

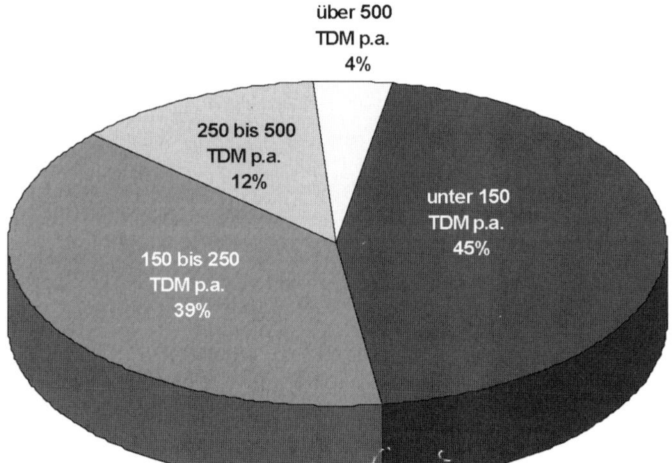

Abbildung 3.5: durchschnittliches Gehaltsniveau der betreuten Outplacement-Klienten (BDU Studie *Outplacement*, 2000, S. 7)

Es lässt sich also zusammenfassend feststellen: bei dem typischen Outplacementklienten handelt es sich um einen Mann zwischen Mitte 30 und Ende 40 aus dem mittleren bis gehobenen Management. In diesem Alter finden bei Führungskräften wesentliche berufliche Entwicklungsschritte statt, die allerdings auch die Gefahr der Konfliktkonzentration bergen – in diesem Alter stoßen die Führungskräfte an Entwicklungsgrenzen im Unternehmen. Außerdem fallen sie häufiger Fusionen zum Opfer, da sie mit einer Organisation bereits lange assoziiert sind und auf entscheidenden Stellen sitzen, die in fusionierenden Organisationen nur von einer Person besetzt werden können.

4. Wie findet Outplacement statt?

Der Einzelberatungsprozess im Outplacement gliedert sich in allen unbefristeten Beratungen in drei Phasen:

Phase 1 Analyse und Zielsetzung
Phase 2 Vorbereitung der Bewerbungskampagne
Phase 3 Durchführung im Arbeitsmarkt

Die drei Phasen laufen idealtypisch hintereinander ab – im beraterischen Alltag mischen sie sich jedoch häufig, wenn z. B. ein Klient eine Einladung zu einem Vorstellungsgespräch hat, während er noch in der Phase 1 der Beratung ist. Natürlich wird der Berater dann das Interview mit den vorhandenen Grundlagen trainieren und z. B. die Aufarbeitung der Trennungssituation hintanstellen.

Die drei oben genannten Phasen der Beratung beziehen sich im engeren Sinne auf die Beratung mit dem einzelnen Klienten. *Vor* dem Beginn der Outplacementberatung mit dem Einzelklienten steht jedoch die Beratungsleistung für das auftraggebende Unternehmen. Diese Beratungsleistung nenne ich die Phase 0, sie bezieht sich auf die Vorbereitung der Trennung durch das Unternehmen.

4.1 Phase 0: Vorbereitung der Trennung durch das Unternehmen

Wie bereits in Kapitel 2 erwähnt, fängt der Prozess der Beratung idealtypisch für die Berater vor dem Kennenlernen des Klienten an. Das Unternehmen kommt auf das Beratungsunternehmen zu und bittet um Mithilfe bei der Trennung vom Mitarbeiter. In einem solchen Fall kann der Berater sogenannte Auffanggespräche führen, d. h. er steht nach dem Gespräch zwischen Unternehmen und Mitarbeiter, in dem dem Mitarbeiter die Trennung avisiert wird, bereit und gibt dem Mitarbeiter einen ersten Halt und Orientierung für eine Outplacementberatung. Ich habe einmal einen für die Mitarbeiter besonders drastischen Fall erlebt, in dem ein Unternehmen, das noch nie in seiner langjährigen Firmengeschichte Mitarbeiter entlassen hatte, auf Grund einer wirtschaftlichen Schieflage Entlassungen vornehmen musste. Das Unternehmen hatte die Kultur «Wer einmal bei uns ist, bleibt für immer bei uns. Wir sorgen für ihn». Die bundesweit von der Kündigung betroffenen 180 Manager des Mittleren Management wurden an einem Tag jeder einzeln von diesem Schritt informiert und für jeden Mitarbeiter stand im Anschluss ein Berater bereit, der ihm den weiteren Fortgang durch die Beratung schilderte und Tränen, Schocks und Fassungslosigkeit «auffing» – durch Reden, Schweigen, Erklären. Diese Auffanggespräche stellen eine hohe Anforderung an psychologisches Einfühlungsvermögen und Reaktionsmöglichkeiten der jeweiligen Berater und üblicherweise sollten nur Berater mit großer Berufserfahrung von den jeweiligen Unternehmensberatungen zu diesen Gesprächen geschickt werden.

An der einen oder anderen Stelle geschieht es, dass ein Unternehmen ein Auffanggespräch vereinbart, sich faktisch aber erhofft, dass der Outplacementberater die Verkündigung der Trennung übernimmt. Dies ist berufsethisch nicht vertretbar und muss in aller Form zurückgewiesen werden. Das Interesse am Zustandekommen des Vertrages hindert manche Berater oder Beratungsunternehmen hier angemessen zu reagieren, sie befürchten eine Verschlechterung des Verhältnisses zum Auftraggeber oder sogar ein Nicht-Zustandekommen des Vertrages, wenn sie diese Aufgabe nicht übernähmen.

Die Beratungsleistung von Outplacementunternehmen in Phase 0 besteht nicht darin, die Trennung für die Unternehmen zu verkünden, sondern darin, Hilfestellung bei der Erarbeitung des «Wie die Trennung verkünden» zu geben. Viele Unternehmensvertreter (meist Vertreter der Personalabteilung) finden es lohnend, mit dem Outplacementberater die Voraussetzungen für eine Trennung in einem Vorgespräch zu erarbeiten und so das Trennungsgespräch mit dem betroffenen Mitarbeiter mit Hilfe des Beraters vorzubereitet.

Zu den Voraussetzungen der Trennung gehören die Eindeutigkeit der Situation und der gebotenen Alternativen; die geklärten Rahmenbedingungen der Trennung (u. a. Freistellung, Urlaubsanspruch, Abfindung, Verbleib im Unternehmen) und das Angebot der Outplacementberatung. Auf einer gut vorbereiteten und alle Möglichkeiten in Betracht ziehenden Grundlage des Trennungsgespräches erübrigen sich in vielen Fällen die Auffanggespräche durch den Outplacementberater, weil die Unternehmensvertreter sehr klar in ihren Vorstellungen sind und alle auftauchenden Fragen selbst beantworten können. Die Vorstellung der Outplacementberatung, der Prozesse und des Ablaufes sind zwar noch Aufgabe der Berater, finden dann aber meist in den Räumen der Outplacementberatungsfirma statt und sind bereits ein erstes Kennenlernen von Klient und Berater.

Zum Thema «Trennungskultur» hat Andrzejewski (2001) ein wichtiges Buch für Arbeitgeber veröffentlicht, ich werde daher nur einige wesentliche Punkte zur Trennungsvereinbarung benennen; die «gute» Trennungsgestaltung wird bei Andrzejewski erschöpfend und optimal dargestellt.

4.1.1 Wesentliche Punkte der Trennungsvereinbarung für Unternehmen

Einige Unternehmen sind sehr unklar in Hinblick auf die notwendigen Trennungsvereinbarungen. Hier seien einige wesentlichen Punkte erwähnt, die eine erfolgreiche berufliche Neuorientierung erleichtern bzw. erschweren.

Unsere Empfehlung geht immer dahin, einen Outplacementkandidaten möglichst *unmittelbar nach Erreichen der Trennungsvereinbarung freizustellen.* Dies hat mehrere Effekte:

- Der Klient wird sich im Klaren, dass die Trennung tatsächlich stattfindet
- Er kann sich auf die berufliche Neuorientierung als neue Arbeit einstellen, denn diese erfordert einen vollständigen Einsatz, alle Zeit und Energie, die bisher auf die Arbeit verwendet wurde
- Der Klient kann den Abschied vollziehen und somit die Trennung aufarbeiten. Dies fordert und fördert die berufliche Neuorientierung
- Das berufliche Umfeld ist eindeutig informiert

In Fällen eines Verbleibs im Unternehmen sind häufig Ausflüchte, intern abgesprochene «Lügen» notwendig, um die Stunden beim Outplacementunternehmen zu begründen. Der Abschied ist nicht klar, die Klienten haben oft noch das Gefühl, gebraucht zu werden, damit die Arbeit erledigt wird. Die Trennung ist für sie also nicht mehr nachvollziehbar, die Gründe scheinheilig und insgeheim hoffen sie, dass die Trennung ja vielleicht wieder rückgängig gemacht wird, weil sie im Grunde unersetzlich sind.

Andere Unternehmen garantieren einen Verbleib im Unternehmen bis eine neue Stelle gefunden ist. Die Klienten, die mit einer solchen Vereinbarung in die Beratung kommen, sind häufig wenig motiviert und haben häufig wenig Grund, sich ernstlich mit einer beruflichen Neuorientierung auseinanderzusetzen. Hier erwartet das auftraggebende Unternehmen häufig die Klarheit und Eindeutigkeit vom Outplacementberater, die es selbst nicht aufbringt. Diese Beratungen sind erfahrungsgemäß langwierig und zäh und die Beziehung zwischen Vertretern der Organisation und dem Klienten verschlechtert sich mit Dauer der Beratung üblicherweise erheblich. Nicht selten kommt es dann doch zum Ausspruch der Kündigung, zum Angebot einer Aufhebungsvereinbarung oder der Arbeitnehmer fühlt sich in erheblichem Maße gemobbt.

Seriöse Outplacementberatungen halten die auftraggebenden Unternehmen deshalb an, die Trennung in den folgenden Punkten sehr eindeutig vorzubereiten und zu gestalten:

- Gründe der Trennung klar benennen
- Chancen im Unternehmen klar ausschließen. Dafür müssen diese Chancen innerhalb des Unternehmens *eindeutig* ausgeschlossen *sein.* Arbeitgebervertreter müssen dies innerhalb eines Unternehmens stets sorgfältig diskutieren und alle Möglichkeiten des Verbleibs überprüfen. Dies empfiehlt sich auch für eine vorzeitige Abklärung mit dem Betriebsrat
- Freistellung vereinbaren – bzw. verbleibende Zeit zur Aufarbeitung und Übergabe von Aufgaben und folgende Freistellung festlegen
- Datum des Ausscheidens aus dem Arbeitsverhältnis klar festsetzen
- Urlaubsansprüche besprechen und eventuelle Abgeltung vereinbaren
- Ansprüche aus den Sozialleistungen klären und eventuelle Forderungen antizipieren und vorbereiten

- Höhe der Abfindung besprechen und festlegen
- Verzicht auf weitere Ansprüche außerhalb des Aufhebungsvertrages vereinbaren
- Offizielle Version der Trennungsbegründung inner- und außerhalb des Unternehmens absprechen
- Zwischenzeugnis und Zeugnis besprechen und vorbereiten
- Referenzen besprechen
- Eventuell Fortbildungen anbieten. Manche Unternehmen bieten ausscheidenden Mitarbeitern die Möglichkeiten einer Weiterqualifizierung vor der Neuorientierung auf dem Arbeitsmarkt. Weiterqualifizierung und berufliche Neuorientierung können erfahrungsgemäß nicht gleichzeitig stattfinden – der Zeitaufwand, den beide verlangen, ist zu groß, dies sollte in den Vereinbarungen zum Ausscheiden Berücksichtigung finden

Haben Unternehmensvertreter all diese Punkte in den Verhandlungen geklärt und in die Trennungsvereinbarung aufgenommen, so ist die Lage für den Mitarbeiter eindeutig und die Neuorientierung um ein Vielfaches leichter als in den oben erwähnten unklaren Situationen, die für den Mitarbeiter neben der Krise durch eine erzwungene berufliche Neuorientierung eine zusätzliche psychische Belastung darstellen.

Einige Unternehmen ermöglichen ihren Mitarbeitern die Auswahl von Outplacementberatungsfirma und Berater, indem sie ihnen Adressen und Ansprechpartner nennen und die Klienten sich dann bei den Beratungsunternehmen melden und in – unter Outplacementberatern so genannten – «Shopper-Gesprächen» die passende Berater und das passende Programm aussuchen. Nach meiner Erfahrung beschwert dieser Anfang häufig das Verhältnis von Berater und Klient. Eine Vorstellung des Beratungsprozesses im Rahmen eines Outplacementangebots durch das Unternehmen ergibt eine andere Beziehungsebene zum Klienten als eine Vorstellung des Prozesses und des eigenen Outplacementunternehmens unter dem Aspekt der Kundengewinnung beim Klienten. Natürlich stehen die meisten Berater unter dem Druck, innerhalb ihres Unternehmens und für das Unternehmen erfolgreich zu sein und die Konkurrenz hinter sich zu lassen. Die Gefahr unrealistischer Versprechungen und/oder von Missverständnissen («Die besorgen mir einen Job in 6 Monaten») ist groß.

Hat ein erstes Treffen mit dem Klienten stattgefunden und ist dieser mit dem Berater einverstanden, beginnt die sogenannte Phase 1 des Beratungsprozesses.

4.2 Phase 1: Situationsanalyse und Zielsetzung

Zu Beginn der Phase 1 steht nochmals die Klärung der Erwartungen an die Beratung. Die Rolle des Beraters wird hier vom Klienten und von dem Berater formuliert. Der interne Kontrakt zwischen Klient und dem Berater wird an dieser Stelle geschlossen.

Hier kommen auch Vereinbarungen zur Schweigepflicht, die notwendigen und vorgesehenen Berichte an das auftraggebende Unternehmen, die Verhaltensregeln in der Beratung und innerhalb der Räume der Unternehmensberatung zur Sprache. Organisatorisches wird geklärt, Daten aufgenommen, der Datenschutz erklärt und bestätigt. Danach beginnt die inhaltliche Arbeit, z. B. bei v. Rundstedt & Partner u. a. mit der Übergabe des «Handbuches», eines sehr voluminösen Ordners mit Arbeitsanleitungen, Erklärungen und Begleitaufgaben für alle Themen innerhalb der Outplacementberatung. Dieser Wissensschatz verbleibt beim Klienten und ist ihm bei allen weiteren beruflichen Veränderungen eine Hilfe.

4.2.1 Aufarbeitung der Trennung

Zunächst konzentrieren sich Berater und Klient in Phase 1 des Beratungsprozesses auf die Aufarbeitung der Trennungssituation, falls dies notwendig ist. Unterschiedliche Fälle in der beraterischen Praxis machen deutlich, dass je nach Vorlaufzeit der Trennung und je nach Gründen (organisatorisch/strategisch versus persönlich/»Chemie») sowie natürlich der persönlichen Disposition des Klienten die Dauer dieser Auseinandersetzung von einer Beratungseinheit (entspricht etwa 90 Minuten) bis zu Monaten betragen kann.

In einem Fall benötigte einer meiner Klienten drei Monate mit mindestens zwei Beratungseinheiten wöchentlich, um mit der Trennungssituation fertig zu werden. Er kam nicht damit zurecht, dass die Entscheidung letztendlich unabhängig von seiner Person fiel und mit der strategischen Ausrichtung des Unternehmens zu tun hatte, d. h. «nichts» mit ihm zu tun hatte. Es handelte sich eben um das Unternehmen, das an einem Tage 180 Manager des mittleren Managements freigesetzt hatte. Die Identifikation mit dem Unternehmen war groß – er musste erst an symbolischen Trennungen arbeiten – u. a. eine «Beerdigung» mit etwas Unternehmenssymbolisierendem feiern, um zu einer effektiven und kreativen berufliche Neuorientierung zu kommen. Alle Aufgaben, die in diesen drei Trauermonaten von ihm erledigt wurden, waren geprägt von der nicht verarbeiteten Trennungssituation. Mit der Feier der Beerdigung (es dauerte einige Zeit, bis er diese von ihm so genannte «Albernheit» akzeptieren konnte), d. h. mit einem symbolischen Abschied, an dem sich auch seine Frau und seine Kinder beteiligten, konnte er sich in die Zukunft orientieren und fand innerhalb eines Monats mit nur drei Bewerbungen eine sehr ansprechende und hochqualifizierte Stelle.

Ein anderer meiner Klienten war ein «Fusionsopfer», der sich in den letzten eineinhalb Jahren *vor* unserer Zusammenarbeit klar wurde, dass er aus der Organisation kam, die übernommen worden war und dass ihm daher Karrierewege innerhalb der neuen Organisation verschlossen waren. Er kam in die Beratung und hatte die Trennung bereits verarbeitet und ausgehandelt. Er hatte mit dem Unternehmen ein großzügiges Trennungspaket einschließlich der Outplacementberatung vereinbart. Mit diesem Klienten ging es bei der Aufarbeitung der Trennungssituation einzig und allein darum, auszuloten, ob die von ihm wahrgenommenen Trennungsgründe auch die «wirklichen» Trennungsgründe waren. Diese Überprüfung findet in jeder Beratung wiederholt statt, da es wichtig ist, Trennungsgründe, die im Klienten selbst begründet liegen, wenn möglich, in der nächsten Beschäftigung zu vermeiden und zu reflektieren. Daher sind offene, klare Aussagen zu den Trennungsgründen in den Gesprächen zwischen Unternehmensvertreter und Mitarbeiter in der Trennungssituation sehr wichtig und hilfreich – ebenso wie die Angabe der «wirklichen» Gründe für die Trennung gegenüber dem Outplacementberater.

Nicht selten erleben wir Berater Klienten, die erleichtert sind über den Schritt der Trennung. Sie brauchten einen Anstoss von außen, um sich – wie lange gewünscht – beruflich neu zu orientieren. Da die Trennungsvereinbarungen seitens der Unternehmen, die sich für ein Outplacementangebot entscheiden, meist auch großzügige Abfindungen oder andere «Fallschirme» (z. B. lange Freistellung) beinhalten, ist die häufig befürchtete finanzielle Unsicherheit für die Klienten kein Problem mehr. Andererseits sind diese Klienten, die «eigentlich schon lange weg wollten», oft schwierige Beratungsklienten und zeigen innerhalb ihrer beruflichen Karriere oft bereits einige Zeit vor der Trennung einen Stillstand. Ich hatte u. a. einen Klienten beraten, der nach seiner eigenen Aussage seit acht(!) Jahren unglücklich im und mit dem Unternehmen war, das ihm schließlich ein Outplacementangebot unterbreitete. Nach seinen Motiven für den Verbleib gefragt, benannte er einen Hauskauf, der mit dem Wechsel in das Unternehmen erfolgt war. Ansonsten war er «immer unglücklich». Er hatte sich einige wenige Male in dieser Zeit erfolglos beworben. Mit diesem Klienten ging es innerhalb der Beratung sehr stark um seine Motive, die für andere wahrnehmbar waren. Er hatte z. B. bis dahin nicht realisiert, dass sein «Unglücklich-Sein» für die anderen Manager in der Firma offensichtlich und sein Unzufriedenheit deutlich karrierehemmend war. Er wies außerdem eine starke Misserfolgsorientierung auf, die ihm erst im Laufe der Erarbeitung von Bewerbungsinstrumentarien aufging.

Alle Berater im Outplacementprozess betonen bei aller notwendigen Trennungsaufarbeitung die Orientierung nach vorn, die Zukunftsperspektive der beruflichen Neuorientierung und die Chance, die sich aus einem solchen Schritt und unserer Beratung ergibt. Um dieser Zukunftsperspektive näher zu kommen, werden im Laufe der Phase 1 Stärken, Schwächen und Ziele reflektiert und manches Mal auch erst als Ressourcen entdeckt.

4.2.2 Stärken und Schwächen

Viele Outplacementberatungsfirmen arbeiten mit der Idee des «Idealen Positionsprofils», wie in **Abbildung 4.1** dargestellt. Dabei handelt es sich um die Schnittmenge aus drei wesentlichen Fragen:

- Was kann ich?
- Was will ich?
- Was braucht der Markt?

Die ersten beiden Fragestellungen werden in der Phase 1 bearbeitet und führen meist zu Ergebnissen, die die Orientierung zum Markt hin ermöglichen.

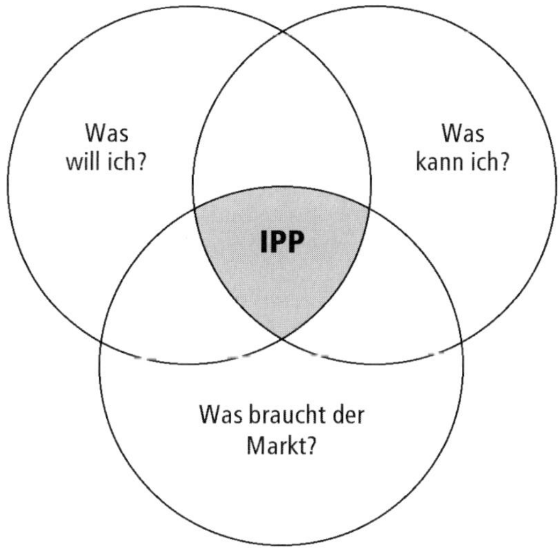

Abbildung 4.1: Zielfindung «Das Ideale Positionsprofil» IPP (interne Kommunikation v. Rundstedt & Partner GmbH, 1995)

4.2.2.1 Was kann ich?

Die Frage «Was kann ich» ist die Frage nach *beruflich* relevanten Fähigkeiten und Fertigkeiten, die ein Mensch in seinem Berufsleben, aber auch in seinem Privatleben entwickelt hat. Und im Zusammenhang mit einer beruflichen Neuorientierung geht es natürlich auch um die Darstellung dieser Fähigkeiten und Fertigkeiten.

Die v. Rundstedt & Partner GmbH arbeitet an dieser Stelle mit einer Methode der Erfolgs- und Leistungsdarstellung, die ich – auch als ehemalige Personalerin – für außerordentlich gut halte. Die Methode nennt sich die «PAR»-Methode (**P**roblem, **A**ktion, **R**esultat). Die Klienten erarbeiten kurze Darstellungen von beispielhaften, hauptsächlich beruflichen Situationen, ihres Umgangs mit diesen sowie des erzielten Resultates. Sie erzählen also kleine Geschichten, die ihren Lösungsansatz darstellen und dem Gegenüber deutlich machen, wie sie arbeiten und denken. Die Darstellung ist jeweils höchstens eine Seite lang und verbleibt bei den Klienten, sie wird allerdings mit dem Berater auf Verständlichkeit und Sinnhaftigkeit geprüft und, falls notwendig, gemeinsam überarbeitet.

Die Ideen, die hinter diesem Ansatz stehen sind vielfältig:

- Der Klient macht sich Gedanken, was er erreicht hat und auf welche Weise dies gelang
- Der Klient reflektiert auch arbeitsplatzbezogene «Selbstverständlichkeiten», die seine Arbeitsweise für andere verdeutlichen
- Am Ende stehen Rückübersetzungen der PARs in Schlüsselqualifikationen wie «Flexibilität», «Teamfähigkeit», «Zielorientierung», «Leistungsorientierung» etc.,

also die Rückübersetzung in die Begriffe, die Stellenausschreibungen kennzeichnen. Der Klient kann so Stellenanzeigen gezielt auf seine eigenen Fähigkeiten und Fertigkeiten hin analysieren und u. a. diese bereits im Bewerbungsschreiben in einer Kurzform der PARs darstellen

- Auch im Einstellungsinterview kann der Klient auf Fragen nach Schlüsselqualifikationen mit Beispielen antworten, die seine Art und sein Denken dem Gegenüber verdeutlichen. Als Personalvertreterin interessierten mich in Einstellungsinterviews vor allem die Eignung für unser Unternehmen und die Passung in das Team und die Unternehmenskultur. In beispielhaften Erzählungen kann ich mir dabei ein gutes Bild vom Bewerber machen. Etwa ist die Antwort auf die Frage nach Teamfähigkeit, die da heißt: «Ich mag Menschen» sehr viel aussageloser als die Darstellung einer erlebten schwierigen Teamsituation, des individuellen Umgangs damit und des Ergebnisses, das sich daraus ergab. Hier bekomme ich eine Idee von meinem Gegenüber, von seiner Denkweise, seinen Handlungen und – in diesem Beispiel – seinen Konfliktlösungsstrategien

Bei der Erarbeitung der PARs ergibt sich die Reflexion von Stärken und Schwächen, von Erfolgen und Misserfolgen, die in fast jedem Vorstellungsgespräch Gegenstand werden. In der individuellen Auseinandersetzung mit den PARs und dem Berater erarbeiten die Klienten ein individuelles Stärken- und Schwächenprofil, das sich spürbar von den Stärken- und Schwächenprofilen der Literaturvorlagen zur «richtigen» Bewerbung unterscheidet, denn der Fokus liegt auf der Authentizität unserer Klienten.

Mit der Erarbeitung der PARs und ihrer Rückübersetzung in Schlüsselqualifikationen sind die Klienten gezwungen, sich nochmals mit ihrem beruflichen Fokus auseinanderzusetzen. Für manche Klienten birgt dies Überraschungen und manches berufliche Selbstbild kommt an der einen oder anderen Stelle zunächst ins Wanken.

So hatte einer meiner Klienten in seiner beruflichen Karriere zunächst strategische Aufgaben inne und übernahm im Laufe dieser Karriere Führungsaufgaben für bis zu 120 Mitarbeiter. In seinen ersten 25 PARs kam nicht eine einzige Führungsaufgabe vor, sein Fokus lag eindeutig auf den strategischen Aufgaben, nicht auf den Führungsaufgaben. Für seine berufliche Neuorientierung war diese Erkenntnis auf Grundlage der PARs wesentlich. Er suchte sich ein strategisch-visionäres Betätigungsfeld, wo er seine Überzeugungskraft und seine Integrationsfähigkeit zur Geltung bringen konnte. Für die Vorbereitung der Bewerbungskampagne wurde mit den PARs deutlich, dass er sich Beispiele für seine Führungstätigkeiten (die er ja überzeugend erfüllt hatte) überlegen musste. Mit der Erarbeitung dieser Beispiele hatte er ein Gerüst, auf das er sich bei den Einstellungsinterviews erfolgreich stützen konnte.

4.2.2.2 Psychologische Testverfahren

Wie oben bereits erwähnt, dienen die PARs auch zur Verdeutlichung eines Stärken- und Schwächenprofils für die Klient selbst. Als eine weitere Ergänzung dieses Profils verstehen Outplacementberater psychologische Testverfahren, die sie innerhalb der ersten Phase der Beratung einsetzen und mit dem Klienten besprechen. Dabei geht es um eine systematische Erfassung des Selbstbildes des Klienten als Unterstützung für ein vertiefendes Gespräch (Hossiep und Paschen, 1999).

Zu diesen Verfahren gehören bei v.Rundstedt & Partner GmbH unter anderem der 16-Persönlichkeitsfaktoren-Test, kurz 16-PF-R (Schneewind und Graf, 1998) der Meyer-Briggs-Typenindikator (Briggs und Briggs-Myers, 1995, deutsche. Bearbeitung von Bents und Blank), kurz MBTI, einige von DBM entwickelte Tests zu Kommunikationsverhalten und beruflicher Orientierung sowie z. B. auch der Rosenzweig P-F-Test (Rosenzweig, 1957, deutsche Bearbeitung von Hörmann und Moog), ein projektives Verfahren zu Frustration und Aggression.

Weitere Tests sind unter den Psychologinnen und Psychologen bei v. Rundstedt & Partner immer wieder in Diskussion, wir setzen einige Tests wie das Bochumer Inventar zur berufsbezogenen Persönlichkeitsbeschreibung, kurz BIP (Hossiep und Paschen, 1998), zum Teil als ergänzende Verfahren ein, während eine Berliner Konkurrentin diesen als zentralen Test in ihrer Beratung einsetzt. Dieses Beispiel verdeutlicht, dass es in den unterschiedlichen Outplacementberatungen unterschiedliche Testeinsätze gibt – es existiert keine allgemeingültige Testbatterie für Outplacement.

Die Anwendung der psychologischen Tests birgt dennoch einige Vorteile, die für die Arbeit in der Beratung zur beruflichen Neuorientierung nicht zu unterschätzen sind. Die Testauswertung und das psychologische Feedback für den Klienten findet mit einem Psychologwn der Niederlassung und dem jeweiligen Berater des Klienten statt. Dabei ist der Berater als schweigender Dritter dabei, er ergreift in dieser Sitzung normalerweise nicht das Wort, sondern nimmt das Gespräch zwischen dem Psychologen und dem Klienten wahr.

Die Vorteile dieser Gespräche über die Testergebnisse sind folgende:

- Tests erbringen – im reflektierenden Gespräch mit dem Klienten – sehr viele neue und oft relevante Informationen
- Einige dieser Tests, wie z. B. der MBTI werden, vor allem in amerikanischen und britischen Unternehmen, bei Einstellungen auch im Managementbereich angewandt. Die Klienten sind also in dem Sinne vorbereitet, dass sie wissen, wie ein solches Testergebnis aussieht und interpretiert wird
- Die Klienten sehen die Sitzung mit der Psychologin häufig als eine Sitzung, in der sie noch offener sprechen können, als in der üblichen Beratung, da sie es ja mit einem psychologisch geschulten Gegenüber zu tun haben, «dem man alles sagen kann»
- Der jeweilige Berater ist in jedem Fall bei dem Gespräch dabei und gewinnt ebenfalls als «Außenstehender» oft neue Ideen und sieht neue Facetten seines Klienten. Er sitzt als schweigender Dritter mit im Gespräch, quasi als offen sichtbarer Beobachter hinter dem Einwegspiegel

Als «Beurteilung» des Klienten seitens der Outplacementberater werden die Tests glücklicherweise nicht verwendet. Fischer (2001) untersuchte u. a., ob sich signifikante Unterschiede im 16 PF-Profil (alte Fassung des 16 PF) von «guten» (d. h. Beratungszeitraum geringer als 3 Monate, Gehaltszuwachs im neuen Job größer 50 TDM p. a.) und «schlechten» (Beratungszeitraum länger als 12 Monate, Gehaltsverringerung im neuen Job größer 25 TDM p. a.) Outplacementklienten zeigten. Im Ergebnis gab es keine interpretierbaren signifikanten Abweichungen der 16 PF-Profile voneinander. Die Tests sind also keine Selektionshilfsmittel in den Outplacementberatung, die den Beratern Aufschluss über die «Beratungsfähigkeit» der Klienten vermitteln, noch sind sie Mittel zur Aussage über die Managementfähigkeiten der Klienten. Sie sind eine Ergänzung für das Gespräch mit den Klienten und führen häufig noch einmal zu kritischen Punkten und auch zu Stärken, die im weiteren Verlauf der Beratung reflektiert werden können.

Für die Klienten ist dieses Testfeedback häufig auch eine Bestätigung der Selbstwahrnehmung. Häufig äußern sie sich nach dem Gespräch im Sinne von «Ich bin gar nicht überrascht worden. Die Ergebnisse sind ja so, wie ich mich selber auch sehe». Wenn ich diese Aussage dahingehend interpretiere, dass sie ja die besten Experten für sich selbst sind und sie über das größte Wissen über sich selbst verfügen, sind die meisten Klienten sehr froh über diese Sichtweise. Ihnen wird klar, dass sie sich am besten kennen und dass sie mit dieser Kenntnis ihrer selbst die größte Kompetenz für sich selbst haben. Sie gewinnen an Stärke und Klarheit.

Testverfahren und ihre Interpretation sind ureigenstes psychologisches Einsatzgebiet. Jedes Outplacementunternehmen, das an dieser Stelle keine Psychologen einsetzt oder die Tests von Nicht-Psychologen interpretieren lässt, verstößt gegen Prinzipien ethischen Beratung. Unternehmen wie Klienten sollten sich bei der Auswahl eines Outplacementunternehmens auch auf dieses Kriterium stützen.

4.2.2.3 Selbstbild und Fremdbild

Die v. Rundstedt & Partner GmbH und auch einige andere Outplacementunternehmen benutzen ein ergänzendes Verfahren, um berufliches Selbstbild und Fremdbild von Klienten in den Fokus und ins Gespräch zu bringen. Dafür schätzen sich Klienten in einer bipolaren Skala mit unterschiedlichen Adjektiven ein und bitten dann Kollegen, Mitarbeiter und Vorgesetzte (und häufig auch Freunde und/oder Familie), diese Einschätzung ebenfalls für sie vorzunehmen. In einem einfachen Vergleich der Richtungen und der Ausprägungsgrade werden Unterschiede im beruflichen Selbstbild und beruflichen Fremdbild deutlich und im anschließenden Gespräch mit dem Berater reflektiert.

Es kommt durchaus vor, dass Klienten *keine* Kollegen oder Vorgesetzten fragen, ob sie diese Einschätzung vornehmen wollen. Sei es, dass die Information zur Trennung «geheim» ist, sei es, dass sie keine Verankerung im Kollegen- oder Mitarbeiterkreis haben und diese Information nicht erfragen können oder wollen. Die hieraus ersichtlichen zusätzlichen Informationen zur Verwurzelung in der Organisation sind natürlich für die Beratung gewichtig, denn auch sie bieten Anhaltspunkte für die Trennungsbegründung und für potentielle Stolpersteine in einem neuen Unternehmen.

Die bisherigen Ausführungen zu Arbeit in der Phase 1 machen deutlich, wie psychologisch die Beratungstätigkeit in dieser Phase ist. Die Arbeit mit den Klienten gestaltet sich, wie bereits erwähnt, sehr individuell, abhängig vom (psychologischen) Reflektionswillen des Klienten und der Vorbildung des Beraters. Die hier erwähnten Reflektionsmöglichkeiten können genutzt werden und sollten nach meiner Einschätzung genutzt werden – aber einige Kollegen und einige Klienten ziehen einen sehr viel instrumentelleres Vorgehen innerhalb der Phase 1 vor. Das heisst sie arbeiten die Phase 1 nüchtern und instrumentell ab, gehen aber nicht weiter auf die psychische Dimension der Krise «Trennung» ein. Dieses instrumentelle Vorgehen ist durchaus effektiv und in der einen oder anderen Beratung auch angebracht. Wo der Klient aber die Chance nutzen will, über vergangenes Verhalten und vergangene Motive in Bezug auf eine berufliche Orientierung nachzudenken, sollte der Berater bereit und fähig sein, dies dem Klienten auch zu ermöglichen. Dasselbe gilt auch für die zukünftige Orientierung und die Ziele, die sich der Klient für die berufliche Neuorientierung steckt.

4.2.3 Was will ich? – Ziele

Zur Erarbeitung des «Idealen Jobprofils» gehört auch die Frage nach den Zielen, den zukünftigen beruflichen und zum Teil auch privaten Lebenswegen, die der Klient anstrebt. Auch hier schwanken die Möglichkeiten zwischen «Ich möchte genau das tun, was ich bisher immer getan habe, am selben Ort, mit derselben Aufgabenstellung» bis hin zu «Ich will, dass alles anders wird». Aufgabe der Berater ist an dieser Stelle einerseits die verschiedenen Möglichkeiten und offenen Wege zu erfragen, andererseits das Realitätsprinzip zu vertreten und die Wünsche, Motive, Ideen und Vorstellungen auf Machbarkeit zu hinterfragen und eventuell gerade zu rücken, sowie reale Chancen auf Grundlage der beruflichen Biographie, der Leistungen und Erfolge und der Marktfähigkeit zusammen mit dem Klienten zu ermitteln.

Die Wunschvorstellungen zur zukünftigen beruflichen Tätigkeit kommt in den meisten Beratungsgesprächen sehr früh und dann immer wieder zur Sprache. Klienten im Outplacement setzen sich oft gleich zu Beginn mit dieser Frage auseinander, die ja für ihre berufliche Neuorientierung wesentlich ist. *Eine* Voraussetzung für eine «arbeitsfähige» Zielorientierung ist allerdings die Verarbeitung der Trennung. Manche Klienten neigen dazu, genau das tun zu wollen, was sie schon immer getan haben – und zwar im gleichen Unternehmen. Erst nach Aufarbeitung der Trennung (siehe Kap. 4.1.) ist also eine berufliche *Neu*orientierung für sie möglich.

Nach Erarbeitung des Stärken- und Schwächenprofils ist die Arbeit an der berufliche Zielsetzung erheblich realistischer, da hier die Auseinandersetzung mit sich selbst, den Stärken, Schwächen, Vorlieben und Abneigungen stattgefunden hat und damit der Weg für die realistischen Zukunftsperspektiven geebnet ist. Wie das vorangegangene Beispiel des strategisch orientierten Managers verdeutlicht, nutzen viele Klienten das erarbeitete Stärken- und Schwächenprofil für eine sehr klare Orientierung auf den Markt hin.

Zu Beginn des Beratungsschrittes «Ziel» steht allerdings für uns Berater zunächst eine rein faktische Feststellung der Rahmenbedingungen für den Klienten. Dies beinhaltet die Aufgabe an den Klienten alle notwendigen Ausgaben, finanziellen Verpflichtungen, finanziellen Mittel aufzulisten und sich darüber klar zu werden, welche *notwendigen* Einnahmen eine neue Tätigkeit bieten muss. Einige (wenige) Manager müssen nämlich mit finanziellen Einbußen rechnen, da sie aus Unternehmen kommen, die weit überdurchschnittlich bezahlen oder ungewöhnliche Vergünstigungen bieten. Hier steht also zu Beginn zunächst einmal die Festlegung des notwendigen finanziellen Minimums.

Im weiteren Verlauf dieses Arbeitsschrittes setzen sich die Klienten mit den Rahmenbedingungen einer neuen Tätigkeit auseinander, die für sie jeweils unabdingbar, wünschenswert oder auch verzichtbar sind. Dazu gehören Umzug, Reisetätigkeit, Auslandstätigkeit, Sozialleistungen, Kundenkontakte und vieles mehr – auch was sich je individuell für den jeweiligen Klienten als wichtig erweist.

An dieser Stelle der Beratung laden viele der Kolleginnen und Kollegen (einschließlich mir selbst) die Lebenspartnerin oder den Lebenspartner zu einem gemeinsamen Gespräch ein. Zielsetzung des gemeinsamen Gespräches ist unter anderem die Vorstellung der Outplacementberatung und des betreuenden Beraters, aber auch und vor allem die Diskussion der Rahmenbedingungen für eine neue Tätigkeit mit den jeweiligen Lebenspartnern. Häufig kommen vor einem neutralen Dritten nochmals Bedingungen oder Eingeständnisse zur Sprache, die ein Paar in seinem gewohnten Kommunikationsverhalten nicht adressierte oder einer der Partner als gegeben annahm. Nach meiner Erfahrung sind die Lebenspartnerinnen sehr häufig zu weit größeren Zugeständnissen bereit, als der Outplacementklient bisher angenommen hatte. An dieser Stelle ist die Geschlechterwahl sehr bewusst getroffen; die Frauen der betroffenen Manager sind häufig zu weitgehenden Zugeständnissen im Rahmen seiner beruflichen Veränderung bereit; bei weiblichen Outplacementklientinnen sind die Partner weniger flexibel, zumal diese häufig selbst berufstätig sind und keine Veränderung suchen.

Natürlich gibt es auch hier Klienten, die eine solche Einbeziehung des Lebenspartners nicht wünschen oder die ihrem Partner die Tatsache der Trennung und der Outplacementberatung bewusst verschweigen. Wir Berater haben an dieser Stelle keine Handhabe und keinen Beratungsauftrag in Richtung Kommunikation. Wir können die Einbeziehung des Partners nur anbieten und die bisher erfahrenen positiven Aspekte einer solchen gemeinsamen Sitzung unterstreichen.

Trotz Festlegung der Rahmenbedingungen und der faktisch notwendigen oder wünschenswerten Voraussetzungen einer neuen Berufstätigkeit, sind manche Klienten in ihrer Entscheidung zur Zielsetzung nach diesem ersten Schritt nicht viel weiter. Einige haben das Gefühl, dass sie ganz viele verschiedene Dinge tun könnten (ein fast omnipotentes Ansinnen), andere haben noch immer das Gefühl, eigentlich ungeeignet für die kommenden Aufgaben zu sein. Mit einigen meiner Klienten arbeite ich dann – in Anlehnung an das systemische Herangehen in der Individualtherapie – mit der «Wunderfrage» (u. a. Geester und Fischer, 1998). «Stellen Sie sich vor, Sie wachen eines Morgens auf und ein Wunder ist passiert. Sie haben die Arbeit, die Sie sich wünschen. Bitte schildern Sie genau den Tagesablauf. Was für Wetter ist es? Was tun Sie nach dem Aufstehen? Was frühstücken Sie? Wie weit fahren Sie zur Arbeit? Womit?

Wie sieht das Gebäude aus, in dem Sie arbeiten? Etc. ...» Der Tag wird vom Klienten detailliert geschildert - dabei werden nochmals Träume und Idealvorstellungen zur Sprache gebracht, die an der einen oder anderen Stelle der Beratung für die Formulierung der Zielsetzung sehr hilfreich sind.

Einer meiner Klienten, der sich mit dem Verlust seiner Arbeit sehr schwer getan hatte und der sich seine Leistungen nach der bitteren Trennung nicht mehr so recht zutraute, hängte sich die stichwortartige Mitschrift seines «Wundertages» in sein Arbeitszimmer und nahm sich diesen idealen Tag als Zielsetzung vor. Er erwähnte diesen Arbeitsschritt im Rückblick als einen wesentlichen Meilenstein der Beratung in seiner beruflichen Neuorientierung, weil er hier sein höchstes Ziel formuliert sah und nach diesem Ziel strebte. Er erreichte diese Idealvorstellung übrigens zu 90 %, wie er nach erfolgreicher Neuorientierung mitteilte.

Formuliert ein Klient eine Neuorientierung mit einer völlig neuen beruflichen Ausrichtung, fungieren wir Berater einmal mehr als Vertreter des Realitätsprinzips, als Mahner und Korrektiv für diese Pläne. So hatte eine Klientin aus der Luftfahrt, die sich 25 Jahre im Luftfahrtgeschäft bewegt hatte, die Idee, sich bei Greenpeace zu bewerben. In Überprüfung dieses Gedankenganges zeigte sich, dass es ihr nicht um die Arbeit bei Greenpeace ging, sondern um die «Rache» an der Luftfahrtindustrie, die sich von ihr getrennt hatte. Diese Zielsetzung hat sie nicht weiter verfolgt, nachdem ihr die Motive deutlich wurden.

DBM hat für Berater und Klienten, wie aus **Abbildung 4.2** ersichtlich, eine einfache Matrix entwickelt, die nochmals deutlich macht, dass eine Zielorientierung weg von der bisherigen Branche oder weg von der bisherigen Tätigkeit eine wahrscheinlich höhere Zeit- und Energieinvestition bedeutet, als die Orientierung zur bisherigen

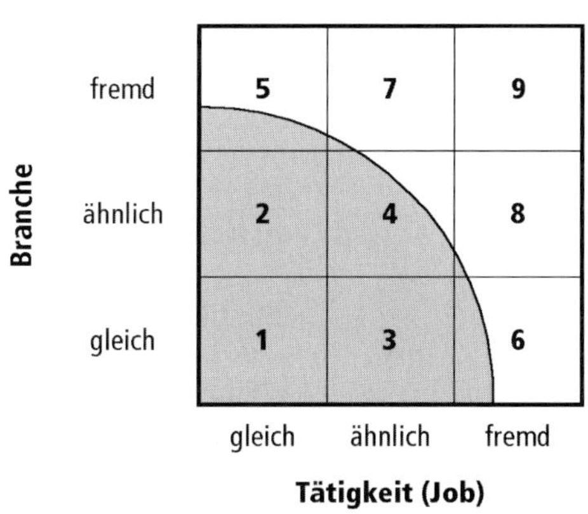

1 gleicher Job, gleiche Branche
2 gleicher Job, ähnliche Branche
3 gleiche Branche, ähnlicher Job
4 ähnliche Branche, Job ist 50% verschieden zu altem Job
5 gleicher Job in fremder Branche
6 völlig fremder Jobinhalt in der gleichen Branche
7 ähnlicher Job in völlig fremder Branche
8 völlig fremder Job in ähnlicher Branche
9 völlig fremder Job in völlig fremder Branche

Jedes Quadrat, das weiter von Quadrat **1** entfernt ist, erfordert längere Zeit, mehr Kreativität und mehr Überzeugung

schnellste und einfachste Neuorientierung

Abbildung 4.2: Branchen-Job-Caree (DBM-Training-Manual, 1998)

Branche oder bisherigen Tätigkeit hin. Entscheidet sich ein Klient mit diesem Wissen für eine solche radikale Neuorientierung, so tut er es sicher mit realistischeren Erwartungen, als ohne die Beratung. Natürlich gibt es auch andere Faktoren, die die Zielorientierung bestimmen, die hier vorgestellte Matrix verdeutlicht aber die zunehmende Schwierigkeit einer Neuorientierung mit der Entfernung aus der Tätigkeit und/oder der Branche. Sie trägt also einen Baustein zur Entscheidungsfindung bei.

Die berufliche Zielsetzung erfährt häufig mit Eintritt und Erarbeitung von Phase 2 und Phase 3, mit der Vorbereitung und der Durchführung der Bewerbungskampagne Korrekturen und Veränderungen, die sich dem Markt anpassen. Auch dieser Aspekt ist für die Beratung zur Zielsetzung wesentlich. Die Berater müssen bzw. sollen in der Lage sein einzuschätzen, wie realistisch die Neuorientierung in Bezug auf den Markt ist und wo wesentliche Informationen dazu zu finden sind. Idealerweise verfügen die individuellen Berater oder Vertreter des Outplacementunternehmens über ein großes Netzwerk, das diese Informationsbeschaffung erleichtert – und Informationen aus erster Hand bedeuten. Diesen Vorteil bieten vor allem große Outplacementgesellschaften und solche, die sehr erfahrene Industrie- und Dienstleistungspraktiker als Berater und Beraterinnen in ihren Reihen haben.

Mit der Erfolgs- und Leistungsdarstellung, dem erarbeiteten individuellen Stärken- und Schwächenprofil sowie der individuellen Zielsetzung ist nun Phase 2 des Beratungsprozesses erreicht – die Hinwendung zum Markt und die Vorbereitung der Marketingkampagne zum Produkt «Ich selbst».

4.3 Phase 2: Vorbereitung der Bewerbungskampagne

Phase 2 des Beratungsprozesses ist eine sehr instrumentell ausgerichtete Arbeit, es geht hier u. a. um die Aufbereitung der wesentlichen Bewerbungsinstrumente wie Lebenslauf, Kurzprofil, Zeugnisse, Referenzen und um die unterschiedlichen Zugänge zum Arbeitsmarkt.

4.3.1 Formen der Selbstdarstellung und schriftliche Unterlagen

Hier übernimmt der Klient einen ganz wesentlichen Arbeitsanteil, die Beratung in dieser Phase ist geprägt von Hausaufgaben, die dann in den Beratungsstunden überarbeitet, geschliffen und geübt werden. Hier bieten die Handbücher der jeweiligen Outplacementunternehmen und andere Publikationen zum Thema (wie z. B. *Durchstarten zum Traumjob; Insiderwissen Bewerbung* u. v. a. m.) Anleitungen und Ideen für die Gestaltung der Unterlagen. Dabei sind Umformulierungen und Überarbeitungen innerhalb des gesamten Beratungsprozesses durchaus üblich, die Unterlagen werden ja in der Bewerbungskampagne ständig neu überprüft. Welchen Wert der Markt auf welche Fähigkeiten, Fertigkeiten und Erfahrungen legt, ergibt sich manchmal erst aus neuen Erfahrungen aus Vorstellungsgesprächen oder anderen Kontakten mit potentiellen Arbeitgebern oder Marktkennern.

Wichtig in diesem Teil der Beratung ist es wiederum die Authentizität des Klienten zu wahren und zu betonen. Es werden Unterlagen erstellt, die dem jeweiligen Individuum und dem jeweiligen Profil gerecht werden und dem Klienten eine Einheit von schriftlicher Präsentation, mündlicher Kommunikation und persönlicher Wirkung ermöglichen. Dabei kommen sehr stark die in Phase 1 erarbeiteten Erfolge und Leistungen zum Tragen.

Wesentlicher Bestandteil der schriftlichen Präsentation ist der Lebenslauf (CV). Der Lebenslauf dient folgenden Zielen: Interesse beim potentiellen Arbeitgeber oder Mittler (Personalberater) zu wecken und die folgenden Gespräche zu strukturieren. Ergänzend zum Lebenslauf entstehen ein Kurzlebenslauf, eventuell ein Kurzprofil für die Homepage des Outplacementunternehmens (wie z. B. bei v. Rundstedt & Partner), ein Marketingbrief für die Initiativbewerbungen und erste Anschreiben für eine Bewerbung. Außerdem werden die Zeugnisse geprüft und überarbeitet (falls die Vereinbarung mit dem sich trennenden Unternehmen in diese Richtung getroffen wurde) und potentielle Referenzgeber werden besprochen und durch den Klienten angefragt.

Aus all diesen Erarbeitungen wird dann auch die kurze mündliche Darstellung abgeleitet, die es den Klienten ermöglicht, sich kurz und prägnant in Gesprächen am Telefon, im Interview oder auch bei zufälligen Kontakten vorzustellen. Die Erarbeitung dieses Bewerbungsinstruments erfolgt ebenfalls meist schriftlich. Es wird dann immer wieder in der Beratung geübt und überarbeitet, bis der Klient diese Kurzdarstellung authentisch beherrscht und nicht mehr stur an der erarbeiteten Form festhält, sondern sie als Leitfaden für eine mündliche Kurzdarstellung nutzt. Das bedeutet, dass der Berater zu allen möglichen (und unmöglichen) Zeitpunkten in einer Sitzung plötzlich eine Situation simuliert, die eine Kurzdarstellung erfordert. Ich begrüsse manchmal Kandidaten mit den Worten «Ah, Herr X, schön, dass Sie heute bei uns zum Gespräch sind. Bevor wir das Interview beginnen, stellen Sie sich doch bitte kurz vor». Oder ich stelle mich in einer Sitzung hinter die Tür, ahme ein Telefonklingeln nach und erwarte eine Kurzdarstellung des Klienten. Die übliche Reaktion ist zunächst: «Ich kann das nicht», aber im Laufe der Zeit erreichen die Klienten einen hohen Grad an Authentizität, da sie nicht mehr an ihrer schriftlichen Erarbeitung kleben, sondern wissen, was ihnen in der Selbstdarstellung wichtig ist und diese Punkte passend zur Gesprächssituation anbringen.

Hat der Klient die Formen der Selbstdarstellung erarbeitet und kann sich «als Produkt» begreifen und verkaufen, liegt der nächste Schritt in der Vorbereitung einer Bewerbungskampagne auf dem Arbeitsmarkt. Dabei unterscheiden die Berater den offenen und den verdeckten Stellenmarkt und verschiedene Zugänge zum Arbeitsmarkt.

4.3.2 Methoden des Zugangs zum Arbeitsmarkt

Outplacementberater gehen vom sogenannten Eisbergmodell des Stellenmarktes aus. Dabei entspricht der Spitze des Eisbergs der offene Stellenmarkt, d. h. die offen ausgeschriebenen Stellen, seien sie als interne Stellenausschreibungen am Schwarzen Brett einer Firma zu finden, als Stellenanzeigen in Zeitungen oder im Internet, sowie die Stellen, die über Personalberater und Arbeitsamtvermittler als offene Stellen angeboten werden.

Der verdeckte Stellenmarkt – der Anteil des Eisberges unter Wasser – existiert für den Klienten zunächst meist nicht. Es handelt sich hier um Stellen, die einen latenten Bedarf von Unternehmen widerspiegeln. Dabei kann es sich um gerade freigewordene Stellen handeln, um Stellen, die gut zu einer strategischen Entwicklung passen, aber noch nicht in den Headcount aufgenommen sind, ja auch um Stellen, von denen das Unternehmen noch nicht weiß, dass es sie braucht. So kann ich mich gut erinnern, wie mehrmals der Leiter der Forschung und Entwicklung eines meiner früheren Arbeitgeber mit Initiativbewerbungen zu mir als Personalbetreuerin seines Bereiches kam und eine Einstellung der Bewerber vorschlug. Die Headcountliste und die Jahresplanung wies in diesen Fällen niemals eine freie zu besetzende Stelle in seinem Bereich auf, aber er schaffte es in mehreren Fällen, die Geschäftsführung davon zu überzeugen, dass die Einstellung dieses Bewerbers für die Forschung und Entwicklung – und damit für das Unternehmen – von unschätzbarem Wert waren. Diese Kandidaten verfügten z. B. über ein ungewöhnliches Spezialwissen bezüglich eines bestimmten Verfahrens, über Erfahrungen in einem Spezialgebiet, das wir als Unternehmen langfristig entwickeln wollten o. ä. Der Vorteil für die Bewerber liegt auf der Hand: sie traten gegen keinerlei Konkurrenz an. Wo sie interessant für das Unternehmen waren, waren sie auch die Kandidaten der Wahl.

Nach Einschätzung der Zentralen Arbeitsvermittlung (der arbeitsamtseitigen bundesweiten Vermittlung für Führungskräfte) umfasst der offene Stellenmarkt nur 30 % der neu zu besetzenden Stellen, der verdeckte Stellenmarkt aber rund 70 % (Fischer, 2001, S. 35).

4.3.2.1 Der offene Stellenmarkt

Die Bewerbungskampagne im offenen Stellenmarkt ist das Instrument, das die meisten Klienten erwarten und am einfachsten nutzen. Hier wird ein Bedarf formuliert, den der Bewerber erfüllt, er fühlt sich gefragt und kann seine Stärken und Schwächen auf die Erfordernisse ausgerichtet darstellen. Die Bewerbung auf eine Anzeige ist das, was viele gelernt und wie sie bisher ihre Stelle(n) bekommen haben; die Erweiterung durch Personalberater oder die Stellenvermittlung des Arbeitsamtes ist eine nachvollziehbare, greifbare Variante dieser Bewerbungserfahrung. Die notwendigen Unterlagen wie Lebenslauf, Kurzlebenslauf, und die Grundform eines Bewerbungsschreibens wurden im Beratungsverlauf idealerweise bereits erarbeitet, bevor der Bewerber dann im offenen Stellenmarkt agiert.

Die genutzten Mittel für den Arbeitsmarktzugang sind: Zeitungen mit ihrem Stellenmarkt, das Arbeitsamt und das Internet mit seinen unterschiedlichen Jobbörsen sowie die Bereitstellung des Kurzprofils zur Ansprache durch Headhunter z. B. auf den Homepages der Outplacementberatungsfirmen.

Die Klienten bewerben sich auf eine ausgeschriebene Stelle, nachdem sie ihr Positionsprofil mit der Stellenausschreibung verglichen haben und für die Stellenausschreibung eine Analyse der Anforderungen durchgeführt haben, die sie mit ihrer beruflichen Biographie und ihren PARs abgleichen. An dieser Stelle verändern sich natürlich die Darstellungen im Lebenslauf wenn nötig, verschieben sich eventuell die Gewichtungen der PARs und müssen die Bewerbungsschreiben auf die jeweiligen Stellenausschreibungen individuell abgestimmt werden. Auch hier gilt das Leitprinzip der Authentizität, der eigenen Handschrift. Berater sind hier einmal mehr Korrektiv, Hinweisgeber und Kritiker, die Soll- und Istprofil vergleichen und prüfen und aus Kenntnis der Klienten Fragen stellen und entwickeln, die für den Markt und das Stellenangebot relevant sind.

Die Bewerbungsmethoden für den offenen Stellenmarkt sind reaktive Methoden, sie erfordern innerhalb des Methodenkanons zur Bewerbung den geringsten Arbeitsaufwand, weisen allerdings im Vergleich zu den Methoden des verdeckten Stellenmarktes auch eine geringere Erfolgschance auf. **Abbildung 4.3** verdeutlicht den Zusammenhang von offenem und verdecktem Stellenmarkt, Arbeitsintensität und Erfolg, wie er in vielen Outplacementberatungsunternehmen angenommen wird.

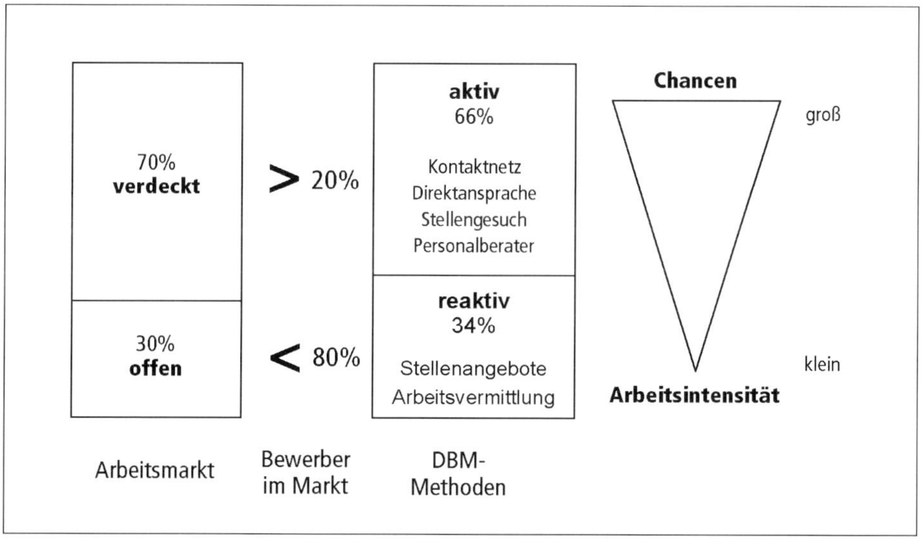

Abbildung 4.3: Bewerbungsmethoden, Erfolg und Arbeitsintensität (DBM in Deutschland, v. Rundstedt & Partner, 1995, S. 8)

4.3.2.2 Der verdeckte Stellenmarkt

Die Stellensuche im verdeckten Stellenmarkt verlangt vom Berater häufig eine längere Überzeugungsarbeit und eine gewisse Zeit des Überlegens und der Übung auf Seiten der Klienten. Die Methoden des Zugangs zum verdeckten Stellenmarkt sind sehr unterschiedlich, aber jede kann auf ihre Weise erfolgreich sein. In der Regel werden sie parallel berieben:

- Kontaktnetzarbeit («networking»)
- Direktansprache ausgewählter Zielfirmen - Initiativbewerbungen
- Stellengesuch
- Ansprache ausgewählter Personalberater

Allen Methoden ist das *aktive* Herangehen an den Stellenmarkt gemeinsam – der Klient sucht aktiv und selbstbestimmt nach einer neuen beruflichen Tätigkeit, ohne dass ein Angebot von Seiten des Arbeitsmarktes vorliegt. «Aber die brauchen doch niemanden, sonst hätten die doch längst eine Stellenanzeige geschaltet», so lautet das gängige Argument der Klienten auf die Vorstellung dieser Instrumente hin. Wie kann ich mich «verkaufen», wo doch niemand Bedarf angemeldet hat, hieße dies übersetzt in die Welt des Marketings.

Der Klient muss sich als «Produkt» begreifen, lautet ein Credo der Outplacementberatung. Und wie jedes Produkt muss er Bedarf wecken, wo zunächst kein Bedarf formuliert wurde oder offensichtlich ist. Er muss die Zielgruppe definieren und den Marktwert des Produktes erheben – und für die Zielgruppe die Notwendigkeit dieses «Produkt» zu erwerben verdeutlichen. Dabei sind die beiden Instrumente Kontaktnetzarbeit und Initiativbewerbung außerordentlich erfolgreiche Bewerbungsinstrumentarien, in unseren Beratungen bei v. Rundstedt & Partner die erfolgreichsten überhaupt.

Kontaktnetzarbeit («networking»)

Networking bedeutet die aktive Nutzung des vorhandenen Kontaktnetzes und dessen aktive Ausweitung mit Blick auf die berufliche Neuorientierung. Dabei geht es nicht um Kontakte, die unmittelbar zu einem freien Job führen, sondern vielmehr um Kontakte, die idealerweise zu Entscheidern in Zielunternehmen führen. Dabei beginnt die Kontaktnetzarbeit mit Bekannten und Freunden im unmittelbaren (beruflichen) Umfeld und setzt sich über diese entweder in unmittelbaren Empfehlungen oder in Sekundär-, Tertiärkontakten usw. fort.

Berater bzw. Beratungsfirmen, die selbst über ein weitgespanntes Kontaktnetz verfügen, sind an der einen oder anderen Stelle natürlich in der Lage, Kontakte für die Klienten zu knüpfen und Entscheider in den Zielunternehmen für ein Informationsgespräch zu gewinnen. So war eine meiner Klientinnen z. B. an einem Tätigkeitswechsel aus dem Marketing in die Werbung interessiert und ich gewann einen guten Freund, der eine Werbefirma leitet, mit ihr ein unverbindliches Informationsgespräch zu führen. Sie verfolgte diesen Weg nach dem Gespräch aus guten Gründen nicht weiter, sondern orientierte sich in ihrer alten Tätigkeit.

Dieses Beispiel macht deutlich, dass Kontaktnetzarbeit in erster Linie der Informationsgewinnung dient, seien es vertiefende Informationen mit Branchenkennern zu angestrebten Tätigkeiten, seien es Informationen über Entscheidungsträger, seien es Informationen über interessante Firmen. Die Kontaktnetzarbeit orientiert sich zuallererst an der Informationsgewinnung – und endet häufig in einem Jobangebot. Kontaktnetzarbeit ist die wichtigste Methode zur erfolgreichen beruflichen Neuorientierung, wie die **Abbildung 4.4** der Statistik der v. Rundstedt & Partner GmbH zeigt.

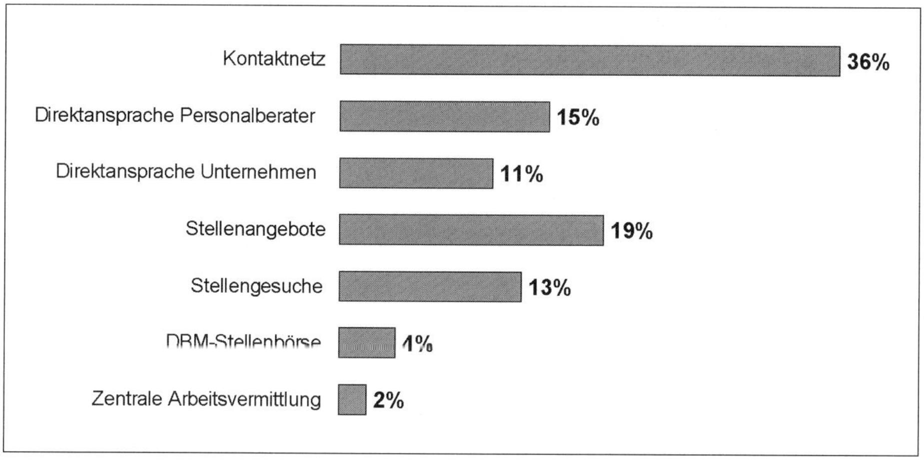

Abbildung 4.4: Erfolgreiche Methoden zur beruflichen Neuorientierung (v. Rundstedt & Partner, 1999, S. 4)

Kontaktnetzarbeit bedarf einer intensiven Vor- und Nachbereitung, eines langen Atems und einer hohen Frustrationstoleranz, denn auch hier gibt es, wie im obigen Beispiel deutlich wurde, durchaus die Gefahr der Desillusionierung oder z. B. des Desinteresses. Wichtig ist es für den Klienten, die Ergebnisse eines jeden Gespräches zu dokumentieren und mit dem Berater zu besprechen. Nicht selten haben Klienten das Gefühl, sie hätten sich ungeheuer engagiert und viel Zeit in die Kontaktnetzarbeit investiert – bei genauer Überprüfung haben sie allerdings z. B. mit viel zu wenigen Leuten viel zu viel Zeit verbracht – oder sie glauben, dass sie niemanden kennen, der ihnen weiterhelfen könnte, d. h. über gar kein (relevantes) Kontaktnetz verfügen. Die Aufgabe des Beraters besteht auch hier wieder in der Rolle des Korrektivs, in der Übernahme der Rolle des realitätsnahen Befragers, in der Rolle desjenigen, der hilft, den Horizont zu erweitern und die Klienten zu ermutigen.

Initiativbewerbungen

Initiativbewerbungen kommen immer dann zum Einsatz, wenn über die Kontaktnetzarbeit oder die Ansprache ausgewählter Headhunter kein Zugang zu einem Unternehmen gegeben ist. Die Bewerbungen richten sich an ausgewählte Zielfirmen meist in der Form eines sogenannten Marketingbriefes. Auch hier muss der Klient viel Arbeit in die Recherche stecken und viel Frustrationstoleranz mitbringen: als Faustregel gilt, dass 10 % aller Initiativbewerbungen zu direkten Kontakten führen, die für eine neue berufliche Perspektive relevant sein können. Das sind auf 100 Bewerbungen 10 Einladungen oder Gespräche.

Die Auswahl der Zielfirmen orientiert sich zunächst an den formulierten Zielsetzungen aus der Phase 1 des Beratungsprozesses. Eine örtliche Priorität verengt den Fokus häufig zunächst auf eine Zielregion und die Brancheninformationen verhelfen dann zu einer Orientierung in diesem eingeschränkten Markt. Rechercheinstrumente sind hier – wie häufig – Internet, Firmendatenbanken (wie Hoppenstedt o. ä.), das IHK-Firmeninformationssystem und die Archive der regionalen und überregionalen Zeitungen sowie die Branchenkenntnis des Klienten und des jeweiligen Beraters oder von anderen Beratern und Akquisiteuren des Outplacementunternehmens. Auch die Netzwerke von Klient und Betreuer sind wichtige Informationsquellen. Aus den Informationen all dieser unterschiedlichen Quellen lassen sich Prioritäten ableiten und firmenspezifische Informationen generieren. Aus diesen Daten kreiert der Klient je einen individuellen Marketingbrief, der an den Entscheider im jeweiligen Unternehmen gerichtet ist. Ansprechpartner ist dabei nie der Vertreter der Personalabteilung (es sei denn, es handelt sich um das Interesse an einem beruflichen Neuanfang in der Personalabteilung), sondern an die jeweilige Leiterin oder den Vorstand oder den Bereichsleiter des interessierenden Tätigkeitsbereiches. Die fachlichen Leiter schauen nicht nur auf den Headcount sondern sie orientieren sich an den Inhalten einer Bewerbung, auch wenn sie über keine offene Stelle verfügen.

Vorteil dieser Methode ist wiederum die Einzelstellung des Bewerbers. Besteht ein Interesse seitens des Unternehmens, ist der Bewerber der Einzige, der im Rennen ist. Es gibt zahlreiche Beispiele aus unserer beraterischen Praxis, die dieses Instrument als extrem erfolgreich in der Bewerbung ausweisen, vor allem auch für ältere Arbeitnehmer, die häufig auf dem «normalen» Bewerbungsweg wegen ihres Alters aussortiert werden.

Stellengesuch

Das Stellengesuch bedeutet die aktive Schaltung einer Stellenanzeige in einschlägigen Printmedien der Branche oder branchenübergreifend oder im Internet. Dieses Instrument der Stellensuche hat den Vorteil der Anonymität und birgt die Möglichkeit der Vorauswahl von Kontakten (wenn der Klient mit Chiffre arbeitet). Das Stellengesuch «schadet» auf keinen Fall, unsere beraterische Praxis beweist aber hier eine relativ geringe Erfolgsquote. Für die Berater steht dabei die Aufgabe im Vordergrund, Inhalt und Gestaltung der Anzeige kritisch gegenzulesen und Korrekturen anzubringen, wo sie aufgrund der Kenntnis des Klienten oder der Branche notwendig erscheinen.

Eine weitere Möglichkeit ist das Stellengesuch, das vom Arbeitsamt für Arbeitssuchende geschaltet wird bzw. im arbeitsamteigenen Anzeigenblatt veröffentlicht wird. Da wir Outplacementberater immer sehr früh den Kontakt zum Arbeitsamt und vor allem zur Zentralen Arbeitsvermittlung für Führungskräfte propagieren, nehmen viele unserer Klienten die dort gebotene Möglichkeit wahr. Die Erfolgsquote unserer Klienten ist dabei gering, liegt aber nicht bei Null, und daher sollte diese – kostenlose – Möglichkeit nicht verschenkt werden.

Ansprache von ausgewählten Personalberatern

Der Markt der Headhunter vergrößerte sich in den letzten Jahren wesentlich – mit Einbruch der Konjunktur und dem Zusammenbruch des Neuen Marktes erfuhr auch diese Branche einen Rückgang, der aber die Wichtigkeit dieser Gruppe für die berufliche Neuorientierung gerade von Managern nicht mindert.

Die Ansprache von Personalberatern soll sich nach Überzeugung der Outplacementberater auf *ausgewählte* Personalberater reduzieren. Die Branche ist groß und es gibt viele Personalberater, die sich auf Branchen oder Fachbereiche spezialisiert haben. Dies sind die Ansprechpartner unserer Klienten. Hier erfahren die Klienten auch eine gute Betreuung – bei den ganz Großen der Branche erhalten Bewerber nach meiner Erfahrung oftmals jedoch nicht einmal eine qualifizierte Rückmeldung zu den eingegangenen Unterlagen, was die Klienten in der psychisch ohnehin belastenden Lage häufig enorm verunsichert.

Die Ansprache der Headhunter erfolgt idealerweise über eine Empfehlung und schriftlich oder telefonisch. Auch für diese Kurzbewerbung müssen Unterlagen erarbeitet werden und die Anschreiben, Kurzlebensläufe und Telefonate werden vom Berater und dem Klienten besprochen, geschliffen und korrigiert.

4.3.3 Kommunikation

In Vorbereitung auf Telefonate, Informationsgespräche, Vorstellungsgespräche und auch in der Aufarbeitung der stattgefundenen Gespräche, spielt die Reflexion der Kommunikation eine große Rolle. Ich finde es immer wieder frappierend, wie wenig gerade Führungskräfte über ihre Außenwirkung wissen, wie wenig ihnen die Unterscheidung von Inhalts- und Beziehungsebene (u. a. Schulz von Thun, Ruppel und Stratmann 2001) deutlich ist und sie damit Gespräche und Reaktionen anderer nicht «verstehen» können.

Ich erarbeite meistens eine theoretische Reflexionsebene des Kommunikationsverhaltens mit den Klienten, aber die Klienten machen auch Übungen u. a. vor der Videokamera, die dem jeweiligen Klienten seine Außenwirkung vor Augen führt. Dabei spielen beide Ebenen der Kommunikation eine Rolle: die Inhaltsebene wird in Bezug auf die Ziele, die Trennungsbegründung, die Motive und Absichten überprüft, die Beziehungsebene in den Aussagen und der nonverbalen Kommunikation verdeutlicht und thematisiert. Hier entwickeln viele Klienten einerseits einen kritischen Blick auf ihr Kommunikationsverhalten, andererseits finden viele auch ihre Stärken in der Kommunikation heraus und finden zu einem positiven, authentischen Selbstbild. Sie arbeiten mit sich – nicht mit einer Vorstellung eines idealen Managers.

Alle in Kapitel 4.2 und 4.3 genannten Maßnahmen leiten den Prozess der Bewerbung im Arbeitsmarkt, d. h. die Phase 3 der Beratung ein, wie sie in Kapitel 4.4 vorgestellt wird. Natürlich ist der Prozess der Beratung idealtypisch dargestellt. Die jeweiligen Instrumente aus Phase 2 werden, wenn sie entwickelt sind, meist sofort eingesetzt, d. h. Phase 2 und Phase 3 des Beratungsprozesses verlaufen meist parallel.

4.4 Phase 3: Durchführung der Kampagne im Arbeitsmarkt

In dieser Phase der Outplacementberatung übernimmt der Klient die Federführung, der Berater tritt in der Rolle als Berater, Trainer, Coach in den Hintergrund. Seine Rolle lässt sich eher als die eines Supervisors beschreiben, der den Fortlauf des Projektes Bewerbung supervidiert. Der Berater hilft dem Klienten, die Strategie für seine Projektorganisation zu entwickeln und begleitet den Klienten in den häufig nun zweiwöchentlichen Sitzungen durch Abgleich und Reflexion der Aktivitäten – die Sitzungen dienen im weitesten Sinne der Erfolgskontrolle.

Phase 3 ist dabei mit Phase 2 der Beratung vernetzt, die Erfahrungen «im Markt», die geführten Gespräche und die hinzugewonnenen Informationen verändern auch das Profil des Bewerbers, seine Marketingstrategie oder auch seine Zielsetzungen.

Idealerweise endet die Phase 3 in den Vertragsverhandlungen und dann mit einem Vertragsabschluss. Ein äußerst engagierter Klient sollte zwischen unterschiedlichen Optionen und Angeboten wählen können. In meiner bisherigen Praxis habe ich dies nicht so häufig wie gewünscht erlebt und die schlechte Konjunkturlage lässt wenig Hoffnung, dass sich dies für einen Großteil unserer Klienten ändern wird. Doch auch ein einzelnes Jobangebot will geprüft werden und der Berater begleitet mit Ermutigung und kritischem Hinterfragen, um zu prüfen, ob ein solches Jobangebot wirklich passt oder ob nicht eine Ablehnung des Jobs geraten scheint. Die Entscheidung darüber liegt selbstverständlich beim Klienten selbst.

An dieser Stelle sei noch einmal an Abbildung 4.1 erinnert, die die Schnittmenge aus Können des Klienten, Ziel(en) des Klienten und Marktanforderungen darstellt. Diese Schnittmenge ist es, die der Berater immer wieder reflektiert und mit seiner Erfahrung und seinem Wissen über den Klienten und dessen Stärken anreichert und schließlich auch mit dem Jobangebot vergleicht. Das Ideale Jobprofil soll im neuen Job zum Tragen kommen, das ist das Ziel der Beratung.

Zu den Vertragsverhandlungen gehören auch arbeitsrechtliche Fragen. Das Outplacementunternehmen sollte in diesem Zusammenhang über eigene Rechtsberater oder über gute Kontakte zu arbeitsrechtlich versierten Rechtsanwälten verfügen. Denn die Klienten brauchen in arbeitsrechtlichen Fragen häufig Rat und Sicherheit für ihre Entscheidung.

Hat der Klient seine neue Arbeit angetreten, bietet das unbefristete Outplacement die Möglichkeit des Coachings bis zum Bestehen der Probezeit. Dieses Angebot wird von den Klienten unterschiedlich genutzt, ich persönlich halte es für einen sehr sinnvollen Teil der Beratung. Denn zwischen Berater und Klient hat sich oft ein intensives Vertrauensverhältnis entwickelt, Stärken wie Schwächen sind benannt und können auch weiterhin adressiert werden. Und nicht zuletzt braucht jede Beziehung ihren Abschied. Die einen können diesen beim Abschiedssekt in den Räumen des Beratungsunternehmens vollziehen, die anderen brauchen länger mit der Loslösung von einem Begleiter durch eine häufig existentiell schwierige Zeit.

Wie oben bereits erwähnt sind die Phasen 1, 2 und 3 häufig vermischt, der bisher in diesem Buch beschriebene Ablauf ist idealtypisch dargestellt. Die Outplacementberater sind damit konfrontiert, gleichzeitig auf unterschiedliche Phasen mit unterschiedlichen Ansprüchen an den Berater eingehen zu können, zum Teil wird dies innerhalb einer einzigen Sitzung nötig. Welches Profil braucht ein guter Berater im Outplacement, um diesen Ansprüchen gerecht zu werden? Gibt es einen idealen Berater für das Outplacement bzw. ein ideales Beraterprofil? Welche Qualifikationen sollte ein Berater vorweisen, welche sind «must», welche «nice to have»? Auf diese Fragen wird im folgenden Kapitel 5 eingegangen.

5. Welche Outplacementberater?

Der wichtigste Erfolgsfaktor im Bereich der Outplacementberatung ist die Beziehung zwischen Klient und Berater (Fischer, S. 155). In diesem Zusammenhang stellt sich immer wieder die Frage nach der Qualifikation der Berater. Leider ist die Outplacementberatung ein ungeschütztes Feld, auf dem sich jeder tummeln kann, ohne eine besondere Qualifikation nachweisen zu müssen. Ich werde zunächst einen «typischen» Arbeitstag im Leben einer Beraterin vorstellen. Zur Darstellung des Arbeitsalltags gehören auch die Rahmenbedingungen der Beratung auf Seiten der Berater. Im Anschluss daran werde ich die Kompetenzen ableiten, die nach meiner Einschätzung für einen Berater notwendig sind und die Literatur vorstellen, die sich mit der Fragestellung «Qualifikation von Outplacementberatern» beschäftigt.

5.1 Ein typischer Arbeitstag im Leben einer Outplacementberaterin

8.10 Uhr

Auf dem Weg zur Arbeit lese ich in der S-Bahn die Wirtschaftsteile von FAZ und Tagesspiegel, d. h. Wirtschaftsentwicklung überregional und regional.

8.50 Uhr

Ankunft im Büro. Nach der Begrüssung und dem Abgleich des Tages mit den Assistentinnen im Sekretariat suche ich die Akten aller Klienten des Tages heraus. Vorbereitung aller Beratungen, was brauche ich heute, was will ich mit den Klienten machen?

Emails lesen und beantworten, Unterlagen der Klienten (Marketingbrief, CV o. ä.) ausdrucken und korrigieren, per Mail zurücksenden.

Anrufe tätigen, sowohl bei Klienten wie auch bei Unternehmensvertretern und Kollegen.

10.00 Uhr

Die erste Beratung beginnt. 1,5 Stunden Beratung, Klientin Y ist in Phase 2. Wir besprechen den Marketingbrief, üben die Kurzversion des Lebenslaufes, besprechen die Zielfirmenliste. Gemeinsames Recherchieren in der Datenbank zu potentiellen Zielfirmen. Hausaufgaben vereinbaren, wir sehen uns in 2 Tagen wieder.

11.30 Uhr
Nachbereitung der Beratung, Dokumentation in den Akten. Recherche im Internet. Anruf bei einem Kollegen wegen Tipps zur gewünschten Branche. 5 Rückrufe, die ich nicht alle schaffe. Vorbereitung der nächsten Beratung, was war bei Herrn X, was steht an?

12.00 Uhr
Die zweite Beratung beginnt. 1,0 Stunde, der Klient X ist in Phase 3. Wir gehen die in der letzten Woche geführten Gespräche durch, analysieren den Verlauf, besprechen den Aktionsplan. Vereinbarung zu einem weiteren Interviewtraining in 3 Tagen als Vorbereitung auf ein weiteres Bewerbungsgespräch.

13.00 Uhr
Zusammen mit Klient X Anruf bei Kollegin Z, sie ist Akquisiteurin bei dem Unternehmen, das meinen Klienten eingeladen hat. Gibt es Tipps, die Klient X beachten kann?

13.10 Uhr
Pause, esse mit Kollegen F ein Brötchen. Wir tauschen uns über eine schwierige Beratung aus; überlegen, einen Beraterwechsel vorzunehmen, weil er das Gefühl hat, den Kontakt zum Klienten verloren zu haben. Der Klient reagiere nicht mehr auf seine Anregungen. Wir vereinbaren ein gemeinsames Gespräch mit dem Klienten, dann werden wir gemeinsam weitersehen. Terminabstimmung mit ihm und den Assistentinnen.

13.35 Uhr
Rückrufe tätigen, Emails beantworten.
Psychologisches Feedback vorbereiten: Testmappe überprüfen, Aufnahmegerät prüfen.

14.00 Uhr
Psychologisches Feedback, d. h. Besprechung der Testergebnisse mit Klientin S und Beraterin U. $1^3/_4$ Stunden Dauer.

15.45 Uhr
Kurze Besprechung mit Beraterin U zum Ergebnis des Psychologischen Feedbacks. Woran wird sie mit der Klientin weiterarbeiten?
Treffe Klient H auf dem Flur und aus der Frage «Wie geht's?» wird ein 10-min. Gespräch über den letzten Headhunterkontakt und mögliche andere Branchen, in denen er sich orientieren kann.
Beginne Testauswertungen für das psychologische Feedback mit Klient P in 3 Tagen.

16.00 Uhr
Nächste Beratung. Klient Q ist ganz neu in der Beratung. Wir kennen uns schon von einem ersten Vorgespräch, nun aber beginnt die Beratung. Wir stellen uns gegenseitig nochmal vor, erste Dokumentation aller Hintergründe für mich: Trennungsgründe, Zielsetzung, Trennungsvereinbarungen.
Wir besprechen der Ablauf der Beratung. Handbuchübergabe. Büroablauf und Büroorganisation werden besprochen, wir schauen uns die Räume an und er wird allen vorgestellt, die er noch nicht kennt und umgekehrt. Datenschutz und Schweigepflicht werden besprochen und dokumentiert. Ich erkläre die Aktenführung und die Briefe an das Unternehmen, die Auskunft über den Beratungsverlauf geben (nicht über Beratungsinhalte).

17.10 Uhr
Diktiere noch einen Brief an das auftraggebende Unternehmen von Klient Q. Anrufe, Emails; Terminabstimmungen mit den Assistentinnen. Werte weitere Tests aus.

18.10 Uhr
Fahre nach Hause. Unterwegs Handyanruf von Klient A, er hatte heute ein Vorstellungsgespräch, will davon berichten. Wir besprechen uns 15 min. und vereinbaren dann einen Termin in 4 Tagen, mein Kalender ist bis dahin voll.

Dies ist ein «typischer» Tag in der Outplacementberatung. Dabei sind noch kein Auffanggespräch, keine Akquisitionsbegleitung, kein Kliententreffen, keine Supervision, kein Literaturstudium, kein Interviewtraining beschrieben.

Die oben dargestellten Zeiten sind sehr realistisch, 4 Beratungen pro Tag sind allerdings für einen Outplacementberater eher wenig. Normalerweise werden in vielen Unternehmen 5 bis 6 Beratungen pro Tag und Berater erwartet, dabei bilden die Psychologen wegen ihrer psychologischen Feedbacks eine Ausnahme. Diese Feedbacks erfordern mehr Zeit und Vorbereitung als die üblichen Beratungseinheiten.

Einige Outplacementberater takten ihre Beratungseinheiten genau auf 1½ Stunden Abstand. Das heisst bei Beginn 9.00 Uhr finden Beratungen um 9.00 Uhr, 10.30 Uhr, 12.00 Uhr, 13.30 Uhr, 15.00 Uhr, 16.30 Uhr statt. Die Beratungszeit mit dem Klienten beträgt dann etwa 1 Stunde, denn die bürokratische Organisation muss auch bewältigt werden. In einigen Outplacementfirmen ist dieser Takt von 1½ Stunden (mit Pause dazwischen) vorgeschrieben; bei der Bewältigung mancher Großprojekte ist er notwendig, um die Betreuung aller Klienten zu gewährleisten. Bei den üblichen Einzelberatungen halte ich Beratungen im 2-Stunden-Takt für sinnvoller, da die Beratung dann gut vor- und nachbereitet werden kann und die zusätzlichen Aufgaben der Organisation zeitnah bewältigt werden können.

Der Zeitdruck in der Beratung, wie auch die verschiedenen organisatorischen Verpflichtungen nach innen und außen, diese Rahmenbedingungen einer Beratung möchte ich u. a. im folgenden Abschnitt darstellen und diskutieren.

5.2 Rahmenbedingungen und Anforderungen für Berater in einer Outplacementberatung

Die Arbeit eines Berater in Outplacementberatungen wird durch unterschiedliche Rahmenbedingungen beeinflusst. Zum Einen handelt es sich um solche Beschränkungen, die er in der Arbeit selbst erlebt, diese werde ich in Kapitel 5.2.1 besprechen. Zum Anderen sind dies organisatorische Rahmenbedingungen und Anforderungen, die ich sehr kurz in Kapitel 5.2.2 vorstellen werde.

5.2.1 Beschränkungen für den Outplacementberater

Berater in einer Outplacementberatung stehen an vielen Stellen ihrer Beratung in Abhängigkeitsverhältnissen, die die Beratung beeinflussen und bestimmen. Die Wesentlichen sind:

- der Mehrecksvertrag
- der Zeitdruck, unter dem eine Outplacementberatung steht und der damit zusammenhängende Kostendruck
- die Marktbedingungen, die die jeweilige konjunkturelle Entwicklung widerspiegeln

5.2.1.1 Der Mehrecksvertrag

Der Outplacementberater steht bei einem Beratungsprozess in einem Mehrecksvertragsverhältnis (u.a. Kreyenberg, 2001) mit unterschiedlichen Kunden, wie **Abbildung 5.1** verdeutlicht. Dabei kann es «indirekte» Kontakte geben, wie z.B. zwischen Outplacementberater und auftraggebendem Unternehmen. Manchmal kennt der Vertreter des auftraggebenden Unternehmens nur den Akquisiteur aus der Outplacementberatung, nicht aber den direkten Berater seines zu beratenden Mitarbeiters oder der zu beratende Mitarbeiter kennt zwar seinen Berater, nicht aber den zuständigen Akquisiteur des Outplacementunternehmens. Ich halte es für wesentlich, dass die jeweiligen Protagonisten alle in Kontakt stehen und der Mehrecksvertrag für alle deutlich sichtbar ist. Der Berater hat als Kunden das Outplacementunternehmen, für das er arbeitet, das auftraggebende Unternehmen, das den Klienten schickt und den Klienten selbst, der in die Outplacementberatung kommt.

Das Outplacementunternehmen erwartet eine «gute» Beratungsarbeit, d.h. eine schnelle, effiziente und ideale Beratung. Dabei wird die Qualität der Beratung meist an der Geschwindigkeit gemessen, in der der betroffene Klient eine neue Tätigkeit findet. Zusätzliche Erfolgskriterien sind höheres Gehalt und/oder Aufstieg in der Unternehmenshierarchie für den Klienten und wenige Beratungseinheiten für den Berater. Die hier angelegten Erfolgskriterien sind gleichzeitig die Verkaufsargumente der Akquisiteure beim auftraggebenden Unternehmen.

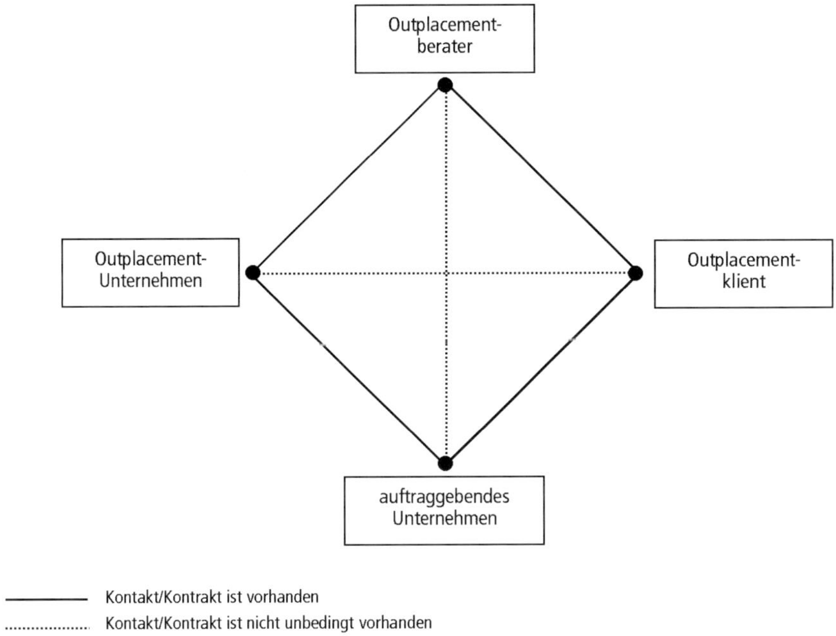

Abbildung 5.1: Mehrecksvertrag in der Outplacementberatung

Das auftraggebende, d. h. freisetzende Unternehmen erwartet eine möglichst schnelle, effiziente und optimale Arbeit. Die Erfolgskriterien bzw. Erwartungen sind hier:

- Der betroffene Klient findet möglichst schnell eine entsprechende Stelle
- Er verlässt das Unternehmen ohne Groll und macht dem Unternehmen keinen Ärger
- Der vom freisetzenden Unternehmen noch zu leistende Arbeitsaufwand für den Mitarbeiter ist, wenn dieser die Outplacementberatung begonnen hat, gleich Null oder wenigstens sehr gering
- Die Qualität der Beratung ist so gut, dass die Entscheidung des Unternehmens für Outplacement dank des Erfolges des Klienten auf das Unternehmen und die «Überlebenden» dort zurückstrahlt

Für die Erfüllung dieser Kriterien ist der Outplacementberater verantwortlich.

Der Klient selbst erwartet eine optimale, effiziente und schnelle Beratung. Er will mit Hilfe der Beratung eine optimale Stelle in kurzer Zeit mit der bestmöglichen Hilfestellung durch den Berater.

Alle drei Kunden erwarten einen *schnellen* Erfolg. Dies führt zu einem Zeitdruck in der Beratung, der durch den existentiellen Druck der drohenden Arbeitslosigkeit des Klienten häufig noch erhöht wird.

5.2.1.2 Zeitdruck und Kostendruck

Der Klient will – häufig auch aus existentiellen Gründen – eine schnelle Lösung für seine Situation. Eine neue Tätigkeit bedeutet meist Existenzsicherung und eine schnell gefundene neue Tätigkeit beendet die Krise des Arbeitsplatzverlustes, oder lässt diese gar nicht erst aufkommen, da der Klient von einer Tätigkeit ohne offensichtliche Phase der Arbeitslosigkeit in eine andere Tätigkeit wechselt. Die Kunst des Beratens besteht hier in der Würdigung der existenziellen Sorgen und in dem permanenten Blick auf diesen Druck. Andererseits muss ein Berater in der Lage sein, die Existenzängste zu relativieren zugunsten einer möglichst optimalen Lösung für den Klienten. Das heisst nicht jeder Job, der gefunden wird, ist der Bestmögliche – ein Berater muss in der Lage sein, auch abzuraten.

Einige Klienten neigen dazu, in einen wahllosen Aktionismus zu verfallen. Sie bewerben sich, ohne sich vorbereitet zu haben; sie haben nicht die Geduld, die Phasen 1 und 2 der Beratung zu durchlaufen. Häufig führen die auf dieser Grundlage geführten Bewerbungsgespräche zu Absagen. Aufgabe des Beraters ist es hier, die Ängste so weit als möglich zu reduzieren und die Beratung möglichst straff zu führen, bis der Klient aus seiner Angstreaktion herauskommt bzw. auch seine eingefahrenen, angelernten Management-Verhaltensweisen reflektiert und ablegt, wo sie ihn behindern. Dabei hilft seitens des Beraters das Bestehen auf der «normalen», «erprobten» Abfolge der Beratung, auf die sorgfältige Erarbeitung der Instrumentarien für die Bewerbung und auf viele Übungen zur Bewerbungssituation. Eine weitere Hilfe ist die intensive Arbeit an und mit den Ressourcen des Klienten, die Arbeit am Selbstwertgefühl und der Bestärkung seiner Stärken. Die Frage nach bereits bewältigten Krisen ist dabei häufig ein wichtiger Anknüpfungspunkt (siehe auch den Ansatz der lösungsorientierten Kurzzeittherapie de Shazer, 1996; Berg, 1995 u. a.).

Gegenüber den beiden anderen Kunden des Beraters, also dem beauftragenden Unternehmen und dem Outplacementunternehmen, für das der Berater arbeitet, ist mit dem impliziten Zeitdruck häufig einfacher umzugehen. Verbleibt allerdings ein (unbefristeter) Klient länger als ein Jahr in der Beratung, wird der Rechtfertigungsdruck gegenüber dem Arbeitgeber, d. h. dem Outplacementunternehmen, größer. Häufig findet innerhalb einer so langen Beratungszeit ein Beraterwechsel statt, denn oft sind hier Klienten in der Beratung, die an irgendeiner Stelle im Beratungsprozess nicht richtig erreicht werden.

Eine Kollegin hatte einen Klienten, der eine «totale» berufliche Veränderung anstrebte, d. h. das angestammte Tätigkeitsfeld verlassen und sich ganz neu orientieren wollte. Gleichzeitig war diesem Klienten sein Ziel nicht klar, er hatte keine Vorstellung davon, was oder wie seine neue Tätigkeit sein sollte. Im Laufe der Arbeit mit ihm wurden massive persönliche Probleme deutlich, so dass der Klient sich – auf Anraten der Beraterin – für eine therapeutische Beratung und eine Pause in der Outplacementberatung entschied. Nach seiner Rückkehr in die Outplacementberatung übernahm ein anderer Berater die Beratung, um möglichst unbefangen mit dem Klienten zu arbeiten. Dieser Klient war insgesamt zwei Jahre in der Outplacementberatung.

Fischer (2001, S. 83) konnte bei ihrer untersuchten Stichprobe von 600 Outplacementklienten bei der v. Rundstedt & Partner GmbH zeigen, dass die Beratungsleistung gemessen an den Beratungseinheiten für Klienten, die überdurchschnittlich lange in der Beratung sind, nicht abfiel sondern eher zunahm. Sie formuliert dazu:

> «Dies zeigt, dass die Kandidaten auch trotz langer, mehrmonatiger Suchdauer von der Beratungsgesellschaft weiter intensiv betreut und nach erfolgloser Suche nicht unbegleitet ihrem Schicksal überlassen wurden.»

Das beauftragende Unternehmen hatte im obigen Fall der zweijährigen Verweildauer in der Outplacementberatung keine Probleme mit der Dauer der Beratung. Der Klient schied wie vereinbart aus dem Unternehmen aus, das Honorar an das Outplacementunternehmen war, wie allgemein üblich, mit Beratungsantritt fällig geworden. Der Klient war also vom Unternehmen verabschiedet und bezahlt und mit Ende seiner Freistellung und dem tatsächlichen Ausscheiden aus dem Unternehmen für den Auftraggeber auch nicht mehr interessant. Die meisten Unternehmen wollen mit dem tatsächlichen Ausscheiden des Klienten aus ihrer Organisation nichts mehr von ihm wissen, d. h. zum Beispiel auch keine Berichte über den Beratungsverlauf mehr bekommen.

Für das Outplacementunternehmen stellte sich mit dem oben genannten Klienten allerdings ein Umsatzverlust ein. Die Kosten, die eine zweijährige Beratung dem Outplacementunternehmen verursacht, werden selbst durch ein hohes Beratungshonorar nicht ausgeglichen.

Ein schnell wieder beruflich tätiger Klient bedeutet hingegen die größte Gewinnmarge für ein Outplacementunternehmen. Die finanziellen Aufwendungen für den Berater und die Organisation zehren dann nicht das vereinbarte Beratungshonorar auf. Der Gewinn für ein Outplacementunternehmen ist also um so höher, je schneller der Klient eine neue Tätigkeit beginnt, und diese schnell gefundene neue Tätigkeit ist *das* Qualitätskriterium für eine gelungene Beratung.

Dieses Qualitätskriterium gilt für *alle* am Prozess Beteiligten, also das auftraggebende Unternehmen, den Klienten, das Outplacementunternehmen und den Outplacementberater. Das heisst alle Parteien verfolgen das gleiche Interesse und damit bestehen keine Zielkonflikte zwischen ihnen.

Andrzejewski (2002, S. 208 f) fragt richtigerweise, ob die Tatsache der schnell gefunden neuen Tätigkeit das einzig mögliche und legitime Qualitätskriterium für eine erfolgreiche Outplacementberatung sein kann. Er fordert eine fundiertere wissenschaftliche Verfolgung der Biographien von Outplacementklienten und wissenschaftliche Studien, die andere mögliche Qualitätskriterien wie Verbleib in der neuen Position, Erfolg in der neuen Firma, Zufriedenheit und Glück in der neuen Position identifizieren und dokumentieren.

In einer konjunkturell schwachen Wirtschaftslage, wie sie im Jahre 2003 überall zu spüren ist, ist das Glück, überhaupt eine neue Position zu «ergattern» für die meisten unserer Klienten *das* Qualitätskriterium einer erfolgreichen Beratung. Der Markt und seine konjunkturellen Bedingungen sind also eine weiterer Aspekt in der Beratung von Outplacementklienten, sowohl in guten wie in schlechten wirtschaftlichen Zeiten.

5.2.1.3 Marktbedingungen – Konjunktur

In der Studie *Realities of Executive Job Search 2000* von Drake Beam Morin, zeigen die Verfasser auf, dass die durchschnittliche Beratungsdauer eines Kandidaten in einer DBM-Niederlassung weltweit von 4,4 Monaten in 1998 auf 3,3 Monate in 1999 sank (DBM-Studie, S. 2). Dies war die Folge einer weltweit verbesserten Konjunktur und im Zusammenhang damit eines größeren Arbeitsplatzangebotes. Die Zahlen in 2002 läsen sich anders, lägen sie vor.

> «Hypo-Vereinsbank, Dresdner Bank, Deutsche Bank und Commerzbank haben bisher den Abbau von rund 30 000 Stellen angekündigt.»
> (Handelsblatt Nr. 277, 23.11.01, S. 25)

> «In den vergangenen Monaten wurden bei der Bankgesellschaft 1567 Aufhebungsverträge geschlossen. Davon werden 1340 bis zum 31. Dezember dieses Jahres wirksam. [...] Die Bankgesellschaft [...] will nach bisherigen Plänen bis 2005 etwa 4000 der rund 15 000 Vollzeitstellen (Ende 2001) streichen. Davon sollte bis Jahresende [2002] bereits die Hälfte erreicht werden.»
> (Tagesspiegel, 21.8.2002)

Die Meldungen über massiven Personalabbau wurden spätestens 2001 und 2002 zu unserer täglichen, gewohnten Zeitungslektüre. Ganze Branchen reduzieren ihr Personal und ein Teil dieser Unternehmen verpflichtet Outplacementunternehmen zur Unterstützung der betroffenen Mitarbeiter. Doch wohin kann ein Outplacementberater einen Klienten beraten, wenn die gesamte Branche, in der der Klient verwurzelt ist, massiv Stellen abbaut? Wo kann ein Bauingenieur eine neue sinnvolle Tätigkeit finden? Und wo ein Bankangestellter? Und wie können sie sich gegen eine massiven Konkurrenz von Mitbewerben durchsetzen, die alle aus derselben Branche womöglich aus derselben Firma in dieselben Stellen drängen?

Kreativität, Phantasie und Flexibilität sind von Klienten und Beratern in dieser Situation gefordert. Die Übertragbarkeit von Fähigkeiten und die Suche nach dem «unique selling proposition» jedes einzelnen Klienten werden zu intensiven Arbeitszielen im Beratungsprozess. Junge, ungebundene, flexible Klienten sind dabei einfacher zu beraten und zu begleiten als über-fünfzig-jährige, gebundene, langjährige Mitarbeiter einer einzigen Branche oder eines einzigen Unternehmens. Manche Outplacementunternehmen raten den Über-fünzig-Jährigen fast grundsätzlich zur Selbständigkeit und/oder Beratertätigkeit. Für viele dieser Klienten ist das Scheitern dann vorprogrammiert – das Outplacementunternehmen hat allerdings den Klienten für die Statistik gut versorgt und kann einen Erfolg verbuchen, zumal das Honorar ja bei Beginn der Beratung fällig wird.

Outplacement arbeitet mit der Grundidee der individuellen Verantwortlichkeit in der Suche nach einer neuen Tätigkeit. In Zeiten einer nationalen und internationalen Wirtschaftskrise und in der Arbeit mit einem eher geringer qualifizierten Klientel, wie es in Großprojekten der Outplacementdienstleister häufig vorkommt, bedeutet dieser Ansatz eine Personifizierung und Individualisierung der Krise, die dem Einzelnen nicht gerecht wird.

Abgesehen von der Veränderung der bisher gewohnten Erfolgszahlen der Outplacementunternehmen wird sich diese Branche zukünftig sehr viel stärker mit der Zukunft der Arbeit und den gesellschaftlichen Bedingungen von Arbeit auseinandersetzen müssen.

Wir bemühen uns als Berater für jeden einzelnen im Sinne des Idealen Jobprofils (Kap. 4), aber eine Erfolgsgarantie können Berater, gerade in einer wirtschaftlich schwachen Zeit wie in 2002, nicht (mehr) geben. Outplacementberatung wird immer mehr zur Lebensberatung, sie beinhaltet Fragen nach lebbaren Lebensentwürfen, Fragen nach der Vermarktung von Patchworkbiographien, Fragen nach Werthaltungen und nach Existenzsicherung. Dass diese Fragen heute auch ein Klientel betreffen, das bisher als gut zu vermittelndes, erfolgsverwöhntes Klientel galt, ist eine der Herausforderungen, vor denen die Outplacementbranche steht. Denn im Management nimmt die Geschwindigkeit der – gerade auch ungewollten – Jobwechsel zu (Handelsblatt, 23.8.2002), Jobverluste gehören inzwischen zum Bild manch einer Managementkarriere.

Die Auseinandersetzung mit den neuen Anforderungen des sich verändernden Arbeitsmarktes sind auch für den einzelnen Berater von elementarer Bedeutung für die Beratung. Jeder Outplacementberater muss sich mit dem nationalen – wie auch idealerweise dem internationalen – Arbeitsmarkt auseinandersetzten und Entwicklungen verfolgen und antizipieren. Dies geschieht u. a. im organisationalen Rahmen, den ich in 5.2.2 kurz diskutieren will.

5.2.2 Organisatorische Erfordernisse in der Outplacementberatung

Neben den verschiedenen Aspekten von Anforderungen, die der Beratungsprozess an den Berater stellt und die in 5.1.1 dargestellt wurden, ergeben sich Anforderungen durch die Organisation, in der der Berater arbeitet, die ich sehr kurz darstellen will.

Zu den internen organisatorischen Anforderungen gehören Akquisebegleitung, Netzwerkarbeit innerhalb der Firma, Weiterbildung, Supervision oder Intervision und Literaturstudium sowie (elektronische) Aktenführung und Dokumentation der Beratungsprozesse.

Zu den externen Anforderungen gehört u. a. der Kontakt zur auftraggebenden Firma einschließlich der Berichte, die – in der Regel sechswöchentlich – über den Verlauf der Beratung vom Berater geschrieben werden. Außerdem bedarf es der einen oder anderen Kontaktaufnahme zum auftraggebenden Unternehmen im Rahmen des Beratungsverlaufs und zum Zwecke der Beziehungspflege. Zusätzlich gehören zu den externen Anforderungen die Kontakte zu den für die Beratung wichtigen Institutionen wie den Arbeitsämtern, der IHK, Berufsverbänden, Rechtsanwälten etc., also die Pflege des externen Netzwerkes. Natürlich gibt es hier zum Teil Arbeitsteilung, vor allem in den großen Outplacementunternehmen, doch halte ich, genau wie Andrzejewski (2001), den Kontakt nach «außen» für die Berater für sehr wichtig, um den Kontakt zum Markt und den Marktbedingungen nicht zu verlieren und ihre eigenen

Beraterleistungen zu überprüfen. Andrzejewski (2001, S. 17) formuliert hierzu recht scharf:

> «Wie kann ein Nur-Berater, der als solcher in den Job eingestiegen ist, Kenntnis des Marktes haben und die Wirkung seiner Beratung überprüfen? Wie kann eine Nur-Berater die Darstellung seiner Schützlinge überprüfen? Wodurch erhält er Feedback und Korrektiv, wenn er keinen direkten Kontakt mit dem Markt hat?»

Hinzu kommt, dass ein solches externes Netzwerk Ideen gibt und Verweise, die in der Einzelberatung selbst sehr nützlich sein können und die die oben genannte Auseinandersetzung mit der Veränderung der Arbeitswelt greifbar und kreativ macht.

Was aber braucht nun ein Berater, um ein «guter» Outplacementberater zu sein? Qualitätsmerkmale der Outplacementberatung und die Qualifikationen des Outplacementberaters sind die Fragestellungen des folgenden Kapitels 5.3.

5.3 Qualifikationen eines Outplacementberaters

Wenige Autoren haben sich explizit mit den Qualifikationen von Outplacement*beratern* beschäftigt. Die meisten neueren Artikel und Bücher beschreiben und diskutieren die Qualitätsmerkmale von Outplacementberatungen.

5.3.1 Qualitätsmerkmale von Outplacementberatungen

Drei unterschiedliche Autoren und ihre Fragen zu Qualitätsmerkmalen von Outplacementberatungen sind exemplarisch in **Abbildung 5.2** vorgestellt.

Die Autoren definieren die Qualitätsmerkmale eher inhärent über Fragen bzw. geben Interessierten Fragen vor, die helfen sollen, eine gute und zuverlässig Outplacementberatung zu finden. Enthalten diese Fragen implizit auch so etwas wie Definitionen von Qualitätsmerkmalen guter Outplacementberatungen, so treten diese Qualitätsmerkmale jedoch nicht eindeutig und klar genug zutage. Die unterschiedlichen Qualitätsmerkmale von Outplacementberatungen unterteile ich in folgende Hauptaspekte:

- Beraterqualifikation
  - fachlich
  - persönlich
- Beratungsformen
  - Einzelberatung
  - Gruppenberatung
  - Gewährleistung der Kontinuität der Beratung
  - Kreativität und Variabilität des Beratungsprozesses
- Beratungsunternehmen
  - Spezialisierung

Indizien für den Qualitätsstandard Andrzejewski (2001, S. 20)	**Outplacement-Beratungen im Check** (Bußmann,1999,S. 67)	**Outplacement-Berater. Worauf Sie achten sollten.** *Auszug: «Kernfragen an die Beratungsgesellschaft»* (metall direkt: Faxabruf 03)
• Gibt es ein Sollprofil für Berater hinsichtlich seines Persönlichkeitsprofils und der Schlüsselqualifikationen, wie sieht es aus und von wann stammt es? • Mit welchen Methoden wird die Passgenauigkeit neuer Berater zu diesem Sollprofil abgegriffen, wie werden diese ausgewählt? • Wie sieht der Einarbeitungsplan zeitlich, inhaltlich und qualitativ aus? • Wer begleitet die Einarbeitung und wie wird der Lernerfolg beurteilt? • Wie sieht die Supervision der alten und neuen Berater genau aus? • Welche Fortbildungsmaßnahmen bietet die Beratungsgesellschaft ihren Beratern? Wie ist die gegenseitige Befruchtung der Berater im Team organisiert? • Welchen Kontakt haben die Berater zum Markt? • Welche flankierenden Maßnahmen begleiten die Beratung? • Welche Maßnahmen dienen der Verarbeitung des Trennungstraumas und dem Aufbau des Selbstwertgefühls bei den Betroffenen? • Wie werden Blockaden gelöst, und welche Unterstützung erfahren Longtermer? • Wie sehen die Elemente der proaktiven Beratung aus?	• Ist das Beratungsunternehmen auf Outplacement spezialisiert? • Bei Beratungsfirmen, die gleichzeitig Headhunting betreiben: Werden beide Leistungen sauber voneinander getrennt • Welche Reputation kann die Beratung nachweisen • Wie lange ist die Firma am Markt? • Wie sehen die Erfolgszahlen aus? • Sind Unternehmen und Berater vertrauenswürdig? • Wie sieht es mit der Qualifikation der Berater im Hinblick auf Management und Personalerfahrung aus? • Welchen beruflichen Hintergrund haben die Berater? • Stehen eventuell auch Psychologen zur Verfügung? • Ist Kontinuität in der Beratung gegeben? • Kann der Berater mindestes einmal pro Woche zur Verfügung stehen (anfangs auch häufiger?) • Ist der Berater auf Wunsch auch unter einer privaten Rufnummer oder per E-Mail erreichbar? • Wie viele Mandate übernimmt der Berater gleichzeitig (möglichst nicht mehr als 10 bis 12 Kandidaten)	• Wie lange arbeitet das Unternehmen am Markt? • Hat es Referenzen aus Unternehmen, für die es tätig geworden ist. Kann man dort nach dem Erfolg fragen? • Welche Kompetenz und Erfahrung haben die einzelnen Berater? • Wieviele Beratungen mit welchem Erfolg hat das Unternehmen bereits für welche Beschäftigtengruppe durchgeführt? • Stellt die Beratungsgesellschaft «Arbeitsplätze» für die Betroffenen bereit? • Sind die technischen Voraussetzungen einer Beratung gegeben, stehen Räume für Gruppensitzungen, Arbeitsplätze mit PC für die Erstellung der Bewerbungsunterlagen zur Verfügung und sind sie zweckmäßig? • Werden Zeitschriftenarchiv, Bibliothek und Büroservice angeboten?

Indizien für den Qualitätsstandard Andrzejewski (2001, S. 20)	**Outplacement-Beratungen im Check** (Bußmann,1999,S. 67)	**Outplacement-Berater. Worauf Sie achten sollten.** *Auszug: «Kernfragen an die Beratungsgesellschaft»* (metall direkt: Faxabruf 03)
• Wer begleitet die Kandidaten durchs Internet und wie läuft das ab? • Wie werden Informationen über Vakanzen zeitnah ausgetauscht – gibt es eine interne Vernetzung des Büros? • Welches sind die Quellen für Hinweise auf offene Positionen, wie viele sind es im Jahr, in welcher Form stehen sie zur Verfügung? • Welchen Stellenwert hat die Gruppenarbeit in der Beratung, gibt es Selbsthilfegruppen? • Gibt es eine Datei über Kontakte zu Executive-Searchern und von wann stammt das letzte update? Ist eine Selektion nach Branchen oder Hierarchien möglich? • In welcher Form stehen die Kontakte zu Ehemaligen zur Verfügung? Ist ein Zugriff nach Branchen oder Hierarchien möglich? • Mit welchen Neuen Medien präsentieren sich die Klienten im Markt? • Welche Daten liegen über den Verbleib der Kandidaten in deren neuen Position vor? Wie sehen die Zahlen langfristig konkret aus? • Wie werden Berater motiviert? • Wie werden die Berater am Unternehmenserfolg beteiligt? • Wie wird der individuelle Berater-Erfolg gemessen?	• Stehen freundliche Arbeitsäume mit Tageslicht in angenehmer Umgebung und mit Telefon, Schreibservice, Bibliothek und Videokamera zur Verfügung? • Was umfasst das Leistungsangebot einer umfassenden Betreuung? Gehören Sekretariatsservice und die Nutzung von Einzelräumen dazu? • Wie sieht die Infrastruktur der Beratungsfirma aus? Verfügt die Beratung über weitere Büros in Deutschland? • Gibt es Kooperationen mit Partnerfirmen im Ausland?	• • •

Abbildung 5.2: Qualitätsmerkmale von Outplacementberatungen

  - Tradition
  - Nationale und internationale Vernetzung
  - Beraterauswahl und Beraterqualifizierung
  - Anreizsysteme für Berater
  - Bisheriger Erfolg und Erfolgskriterien
- Umgebung
  - Arbeitsräume
  - Büroservice
  - Rechercheinstrumente
  - Medien
  - Zusatzangebote

Die Qualifikationen der Outplacementberater ist also eines der Qualitätsmerkmale von Outplacementunternehmen. Dieses Merkmal werde ich im Folgenden darstellen.

5.3.1 Qualifikationen eines Outplacementberaters – Stand der Publikationen

Wie oben bereits erwähnt, gibt es bislang nicht sehr viele Autoren, die sich explizit mit den Qualifikationen von Outplacementberatern auseinandergesetzt haben. Einen Teil dieser Autoren werde ich im ersten Teil dieses Kapitels vorstellen und kritisch würdigen und auf dieser Grundlage meine eigenen Überlegungen in 5.3.2 darlegen. Die wissenschaftliche Fundierung der vorgeschlagenen Qualifikationen lässt sehr zu wünschen übrig – die unterschiedlichen von mir genutzte Quellen weichen in diesem Punkte nochmals voneinander ab. Fischer (2001), mit der ich mich zuerst beschäftigen werde, hat qualitative Interviews mit Beratern zum Thema «Guter Outplacementberater» ausgewertet.

5.3.1.1 «Gute Outplacementberater» nach Fischer (2001)

Fischer (2001) befragte erfahrene Outplacementberaterinnen und Outplacementberater in Zusammenhang mit «guten» und «schlechten» Klienten (siehe auch Kap. 4.2.2.2) in qualitativen Interviews u. a. auch zum Profil des guten Beraters im Beratungsprozess. Fischer (S. 176 ff) unterscheidet dabei «Variablen, die den Berater beschreiben» und «Prozess», also solche Variablen, die die individuellen Vorgehensweisen in der Beratung betreffen.

Variablen, die den «guten» Berater beschreiben sind u. a.

- Autorität bzw. Überlegenheit (leitet sich explizit nicht aus dem Alter her)
- Berufserfahrung als Outplacementberater
- Erfahrung aus der Wirtschaft (in unterschiedlichem Umfange) - mit Ausnahme der Psychologinnen und Psychologen, deren Ausbildung die Wirtschaftserfahrung nach Einschätzung der Befragten ersetzt

- Psychologische / psychotherapeutische Ausbildung
- Ehrlichkeit
- Struktur geben
- gut(es) Feedback geben

Beratungsaktivitäten des Beraters, als Teil des Beraterprofils sind u. a.:

- Berater ergreift Maßnahmen bei «Defiziten des Klienten»
- Berater erstellt Prognose über die Beratung (Kriterien in Bezug auf den Klienten sind hierfür: Aktivitätslevel, Persönlichkeit, Fachkenntnisse, Reflexionsvermögen, Stand der Verarbeitung der Kündigung)
- Beratersicht repräsentiert den Markt

Auffallend bei den hier genannten Merkmalen oder Qualifikationen der Berater ist, dass die Sicht von den Beratern auf die Klienten sehr defizitorientiert ist. Der Berater entspricht hier nicht dem Ideal eines Prozessbegleiters, desjenigen, der die Hilfe zur Selbsthilfe anregt, sondern erscheint eher statisch als Allwissender gegenüber dem Unwissenden. Außerdem sind die Qualifikationen zum Teil schlecht operationalisierbar. Sauer (1991) hingegen formulierte sehr viel detailliertere Anforderungen an Outplacementberater, die ich im Folgenden vorstellen und diskutieren werde.

5.3.1.2 «Anforderungen an den Outplacementberater» nach Sauer (1991)

Sauer (1991, S. 97 ff) unterscheidet zwischen fachlichen und persönlichen Anforderungen an den Outplacementberater.

Die fachliche Anforderungen wiederum gliedert sie in:

- Qualifizierte Ausbildung (gleichzusetzen mit abgeschlossener Hochschulausbildung), d.h. fundierte wissenschaftliche Grundausbildung, und damit verbunden
  - Fähigkeit zu analytischem, kritischem und selbständigem Denken
  - Breite Allgemeinbildung
- Umfangreiches Erfahrungswissen aus der beruflichen Praxis
  - Mehrjährige Tätigkeit in Unternehmungen verschiedener Branchen
  - Managementerfahrung in unterschiedlichen Funktionsbereichen
  - Umfangreiche Marketingkenntnisse
  - Erfahrung aus Tätigkeiten in Personalabteilungen
  - Personalberater

  Aus obigen Punkten werden von ihr abgeleitet:
    - Ganzheitliche unternehmerische Denkfähigkeit, profunde Kenntnisse über wirtschaftliche und betriebliche Strukturen und Prozesse
    - Verfügbare Methoden und Instrumente zur Lösung betrieblicher Probleme
- Problemorientiertes Spezialwissen
  - Kenntnisse rechtlicher, wirtschaftlicher und sozialer Folgewirkungen von Entlassungen

- Umfangreiches Wissen über den Arbeitsmarkt
- Wissen über Inhalte und Anforderungen unterschiedlicher betrieblicher Funktionen
- Kenntnisse über Entwicklung von Produkt- bzw. Personenmarketingkonzepten und der einzusetzenden Instrumente
- Kenntnisse effizienter Kommunikations-, Präsentations- und Gesprächstechniken
- Pädagogische und didaktische Fähigkeiten

Die persönliche Anforderungen charakterisiert Sauer als:

- Interpersonelle Fähigkeiten
  - Soziale Kompetenz
    - Wahrnehmungs- und Analysefähigkeiten
    - Sensibilität und Einfühlungsvermögen (Empathie)
    - Emotionale Kontrolle
    - Psychische Belastbarkeit
    - Kommunikations- und Überzeugungsfähigkeit
  - Verantwortungsbereitschaft
  - Konfliktbereitschaft
  - Motivationskraft
  - Persönliches Engagement
- Persönlichkeitsmerkmale
  - Ehrlichkeit
  - Vertrauenswürdigkeit
  - Diskretion
  - Integrität
  - Objektivität
  - Selbstdisziplin
  - Starkes Selbstvertrauen
  - Gute Selbsteinschätzung
  - Positive Ausstrahlung
  - Kreativität

Zum Glück kommt Sauer (S. 96) selbst zu dem Schluss, dass «die Vielzahl der skizzierten Anforderungen [...] sich kaum zu einem einheitlichen und prägnanten Profil komprimieren lassen». Bei ihr finden sich viele Ansätze für weitere Überlegungen und viele bedenkenswerte Anforderungen, nur eben zu viel von allem, als dass sie ein einziger Berater idealtypisch erfüllen könnte. Trotzdem halte ich den Ansatz von Sauer, gerade auch in der Unterscheidung von fach- und persönlichen Kompetenzen für einen gangbaren Weg zu einer Typologie der Qualifikationen eines Outplacementberaters.

Doch auch bei Sauer kommt der Klient als derjenige, der seinen Weg selbst bestimmt, in den Überlegungen zur Beraterfähigkeit nicht vor. Auch hier scheint mir –

wie allein schon durch die Unzahl von Anforderungen an den Berater verdeutlicht – die Beratung als «Führen und Leiten» verstanden zu werden statt als Prozessbegleitung mit hoher Eigenverantwortung des zu Beratenden.

Auch die IG Metall unterscheidet in ihren Empfehlungen zum Thema Outplacement für Betriebsräte persönliche Merkmale und fachliche Qualifikationen.

5.3.1.3 «Inhaltliche Gesichtspunkte zur Qualitätseinschätzung von Outplacement -Beratern» IG Metall (2002)

Die IG Metall (2002) empfiehlt Betriebsräten bei der Auswahl von Outplacementfirmen die Überprüfung folgender Gesichtspunkte bei Outplacementberatern:

Persönliche Merkmale
- Charakter
  - Menschliche Integrität
  - Fähigkeit zum offenen, partnerschaftlichen Verhältnis
- Verschwiegenheit
- Kein Headhunter
- Sensibilität
  - Einfühlungsvermögen
  - Analysefähigkeit
- Innere Stabilität
- Optimismus
- Überzeugungskraft
- Konfliktbereitschaft

Fachliche Qualifikationen
- Ausbildung
  - Hochschulausbildung (BWL, Soziologie, Arbeits- und Sozialrecht, Psychologie)
- Erfahrung
  - Berufspraxis mit Personalverantwortung aus der Privatwirtschaft
- Wissen
  - Wie entwickeln sich die einzelnen Branchen?
  - Wie werden Unternehmen umgestaltet?
  - Welche Stellen entstehen mit welchen Anforderungen neu?
  - Welche Vorbereitungen sind beim Aufbau einer selbständigen Existenz nötig?
- Vermittlung
  - Methodisch-didaktische Fähigkeiten
- Referenzen

Diese Liste scheint mir als praktische Anleitung zur Auswahl von Outplacementberatern durchaus hilfreich. Wesentliche Kriterien der vorherigen Autoren sind aufgegriffen, zum ersten Mal fällt hier auch die Forderung nach einem offenen, *partnerschaftlichen* Verhältnis.

Trotzdem sind die Qualifikationen und persönlichen Merkmale zum Teil schwer zu operationalisieren, auch hier fehlt mir die Auseinandersetzung mit allgemeinen Beraterfertigkeiten und Beraterfähigkeiten, die vor allem im englischsprachigen Raum sehr deutlich formuliert worden sind (u. a. Ivey und Bradford-Ivey, 1999, Ertelt und Schulz, 2002).

Schuppert (1989) versucht eine Einordnung des Outplacementberaters unter dem Aspekt der Anforderungen eines «modernen Unternehmensberaters». Im Folgenden also die Anforderungen, die sie für einen Outplacementberater definiert.

5.3.1.4 «Outplacementberater als ganzheitlicher Unternehmensberater» nach Schuppert (1989)

Schuppert sieht den Outplacementberater als Problemlöser. Ihr Profil für Outplacementberater definiert vier Kernbereiche: Persönlichkeit, persönliche Lebenskraft, arbeitsmarkt- und berufsspezifische Kenntnisse und Erfahrungen und Sicherheit/ Vertrauenswürdigkeit (S. 118 ff). Zu diesen Punkten gehören im Einzelnen:

Persönlichkeit
- Ganzheitliche, übersituative Denkfähigkeit
- Soziale Kompetenz
- Geduld und Gelassenheit
- Analytische und strategische Denkfähigkeit
- Integrität
- Psychische Belastbarkeit
- Kreativität

Persönliche Lebenskraft
- Verantwortungsbereitschaft
- Konfliktbereitschaft
- Persönliches Engagement
- Sensibilität und Einfühlungsvermögen
- Zuwendungsbereitschaft und -fähigkeit
- Überzeugungsfähigkeit
- Motivationskraft
- Optimismus und Lebensbejahung

Arbeitsmarkt- und berufsspezifische Kenntnisse und Erfahrungen
- Kenntnisse des Arbeitsmarktes
- Managementerfahrung aus leitenden Funktionen
- Sachkompetenz, Personalmanagement
- Outplacement-Beratungs-Know-how
- Personen-, Produktmarketing
- Kommunikationstechniken
- Breite Allgemeinbildung

Sicherheit, Vertrauenswürdigkeit

- Positives Menschenbild
- Beratungsethos
- Unabhängigkeit, Objektivität
- Gesprächs- und Reflexionspartner
- Präsenz
- Zielrigorosität
- Führung und Unterstützung im Suchprozess

Schuppert sieht die Höhe der Qualifikation eines Outplacementberaters abhängig davon, inwieweit er all die oben genannten Kriterien erfüllen kann. Je umfassender also die Anforderungen des Profils erfüllt werden, desto besser qualifiziert ist ihrer Meinung nach der Outplacementberater. Sie betont jedoch auch folgendes (S. 121):

> «Neben der fachlichen Qualifikation kommt es jedoch bei diesem speziellen Beratungstyp verstärkt auf die persönliche Qualifikation an. Es darf nicht vergessen werden, dass wir Menschen vor uns haben, die sich in einer kritischen beruflichen und persönlichen Situation befinden. Der Berater darf daher auf keinen Fall nach Schema F arbeiten; wenn er nur sein Repertoire an Instrumenten anwendet, wird er dem Einzelfall nicht in vollem Umfang gerecht. Erfolg als Outplacement-Berater erfordert ein ausgeprägtes Interesse an menschlichen Belangen, Gespür für die interpersonellen Beziehungen und hochentwickelte kommunikative Fähigkeiten.»

Weiter kommt Schuppert zu Eigenschaften, die nach ihrer Einschätzung und der Einschätzung von Kollegen als unabdingbar für einen Outplacementberater anzusehen sind:

- Eine starke Persönlichkeit, die den Mandanten jedoch nicht dominiert, sondern es ihm Kraft ihrer positiven, vertrauenserweckenden Ausstrahlung leicht macht, sich zu öffnen und mitzuteilen
- Die Fähigkeit, zielorientiert mit Nähe und Abstand umzugehen
- Verantwortungsbereitschaft, um einen existentiellen Konflikt lösen zu können
- Hohe Stresstoleranz
- Erhöhte Sensibilität für die Belange des anderen
- Eine solide, starke, intellektuell und emotional sich im Gleichgewicht befindende Persönlichkeit

Schuppert liefert, obwohl es sich hier um die älteste zitierte Publikation handelt, die tiefgreifendste und weitestgehende Formulierung von Qualifikationen und schließt «positives Menschenbild» und «Ethos» durchaus als wesentliche Faktoren ein. Doch was ist ein positives Menschenbild?

In diesem Zusammenhang wird deutlich, dass die bisher vorgestellten Autoren einschließlich Schuppert ihren theoretischen Hintergrund, ihre Theorie der Beratung, nicht vorstellen, die Qualifikation von Outplacementberatern also quasi in einem theoriefreien und unbegründeten Raum beschrieben wird. Auch Fragen nach den Theorien der Beratung und nach dem Menschenbild des einzelnen Beraters kommen in den langen Listen der oben genannten Autoren außer bei Schuppert (1989) nicht vor. Solange die Qualifikationen aus dem «Irgendwie» entstehen, bieten sie sich für eine wissenschaftliche Auseinandersetzung und Evaluation nicht an – und sie bleiben als im «theoriefreien Raum» definierte Qualifikationen ungenau und lassen einen weiten Interpretationsspielraum.

Hier liegt mein erster Ansatzpunkt. Ich möchte im folgenden Kapitel meine Auffassung der Beraterqualifikationen von Outplacementberatern vorstellen, die sich aus der Auseinandersetzung zunächst mit dem Prozess der Outplacementberatung ergab, aus dem ich dann die Qualifikationen ableite. Hierfür muss ich aber zuerst meinen theoretischen Rahmen bestimmen.

5.3.2 Qualifikationen eines Outplacementberaters – integriertes Konzept

Wie oben bereits angekündigt, möchte ich in Kapitel 5.3.2.1 meinen theoretischen Hintergrund vorstellen, auf dessen Grundlage u. a. auch die Überlegungen zu Qualifikationen von Outplacementberatern basieren. Dieser theoretische Hintergrund ist für das Verständnis der nachfolgenden Kapitel zwar nicht absolut notwendig, ich halte es aber für redlich, meine Grundannahmen offenzulegen.

5.3.2.1 Theoretische Gundannahmen – radikaler Konstruktivismus und systemisches Denken

Radikaler Konstruktivismus und systemisches Denken bestimmen die Auffassungen von Beratung, die ich vertrete. Der radikale Konstruktivismus (u. a. v. Foerster, v. Glasersfeld, Maturana) versteht Wirklichkeit als eine Erfindung unseres Geistes. Systeme sind Konstruktionen menschlicher Kognition; das, was wir wahrnehmen, ist nicht ein wahres Abbild der Außenwelt sondern eine Konstruktion unserer Innenwelt. Das heisst es gibt keine objektiv gültige Wahrheit, sondern einzig eine Vielzahl prinzipiell gleichberechtigter Sichtweisen.

Beratung, die sich am systemischen Denken orientiert, arbeitet vor allem mit den folgenden Grundannahmen (Pressel, 2001):

- Kooperation statt Kontrolle
- Ressourcen statt Defizite
- Lösungen statt Probleme
- Einladungen statt Instruktionen
- Beratung als Handel mit Perspektiven

Die zentrale Herausforderung für den Berater heisst, Veränderungen zu fördern, ohne sie sich als Leistung kausal zuzuschreiben. Beratung ist in erster Linie Kommunikation.

Das Menschenbild, das sich aus dieser Sichtweise ergibt, ist ressourcenorientiert und lässt den Klienten ihre (Handlungs)Kompetenz. *Der Klient ist der Experte in der Beratung.* Er hat alle Kompetenzen, die ihm eine Veränderung ermöglichen. Er hat alle Freiheit, diese Veränderung voranzutreiben oder auch nicht. Er hat alle Verantwortung für die Konsequenzen aus der (Nicht-)Veränderung. Der Berater ist im weitesten Sinne jemand, der andere Perspektiven einführen kann und als Prozessbegleiter zur Verfügung steht.

Vor dem Hintergrund meiner oben angeführten Grundannahmen soll nun der Frage nachgegangen werden, wo Outplacementberater im Rahmen von «Beratung» allgemein anzusiedeln sind. Ich will zunächst den Outplacementberater unter den Beratern orten, um eine Einordnung seiner Qualifikationen zu ermöglichen. Als Einstieg bediene ich mich der Beratertypologie von Hoffmann (1991).

5.3.2.2 Beratertypologie

Hoffmann (1991) unterscheidet Beraterrollen, d.h. «die mit der Durchführung der Beratungsaufgabe verbundene Erwartung des Klientensystems an das Verhalten des Beratersystems im Beratungsprozess» (Hoffmann, 1991, S. 83), in allgemeine Erwartungen und problemspezifische Erwartungen. Allgemeine Erwartungen des Klientensystems sind z. B. Sachkompetenz, Erfahrung im Umgang mit ähnlichen Beratungsfällen, Objektivität und Integrität. Sie gelten für alle Berater bei allen Beratungsaufgaben, tragen also zu keiner Unterscheidung in der Beratertypologie bei.

Problemspezifische Erwartungen des Klientensystems hingegen stehen in Abhängigkeit von der Beratungsaufgabe und können für die Beschreibung einzelner Beraterrollen herangezogen werden. Dabei unterscheidet Hoffmann (1991, S. 83) inhaltliche Komponenten (Erwartungen an den Inhalt des vom Berater vermittelten Wissens) und prozessuale Komponenten (Erwartungen an die Art der Wissensvermittlung). Er kommt zu einer Typologie der Beraterrollen, wie sie in der **Abbildung 5.3** zu finden ist:

Die Stile der *sachorientierten Beratung* sind der Realisator, der Problemlöser, der Informationslieferant und der Gutachter. Alle vier Stile der sachorientierten Beratung sind der *Fachberatung* zuzurechnen, es handelt sich um die im weitesten Sinne Vermittlung von Know-how.

Der *personenorientierte Beraterstil* beinhaltet Rollen der *Prozessberatung.* Der Berater übernimmt die Rolle eines Verfahrensspezialisten, d.h. die Rolle besteht in der Initiierung, Strukturierung und Steuerung des Beratungsprozesses; die Problemlösung erfolgt durch das Klientensystem.

Während der Prozesspromotor aktiv ins Geschehen eingreift und den Problemlösungsprozess vorantreibt, versucht der Katalysator/Moderator das interne Problemlösungspotential des Klientensystems im Sinne «Hilfe zur Selbsthilfe» zu entwickeln. Der Berater als Trainer vermittelt kognitive wie affektive Ausbildungsinhalte an die Mitglieder des Klientensystems. Dabei geht es im kognitiven Bereich um die Vermittlung von Techniken, im affektiven Bereich um die Veränderung von Werthaltungen, Einstellungen und Verhaltensweisen. Dieser Ansatz wird im Bereich Coaching noch stärker betont. Hier ist das Thema «Persönlichkeitsentwicklung» d. h., wie Hoffmann

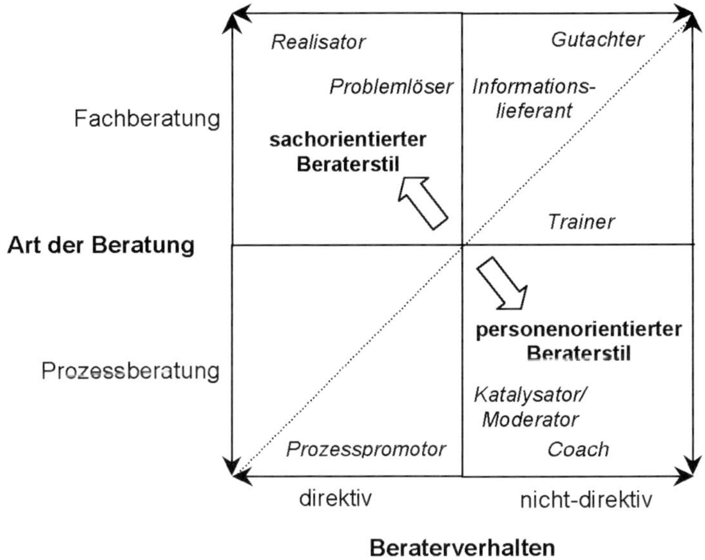

Abbildung 5.3: Beraterrollen (nach Hoffmann, 1991, S. 87)

dies formuliert, die Förderung der Leistungs- und Kooperationsfähigkeit jedes Einzelnen durch die Betreuung des Coaches.

Bereits auf den ersten Blick wird deutlich, dass es sich bei der Outplacementberatung um einen personenorientierten Beraterstil handelt, bei dem alle vier personenorientierten Stilrichtungen (Katalysator/Moderator, Prozesspromotor, Trainer, Coach) zur Anwendung kommen müssen und das Beraterverhalten zwischen direktiven Anteilen und nicht-direktiven Anteilen schwankt – je nach Klienten- und Prozessanforderung.

Hoffmann (1991, S. 97 ff) stellt einen logisch-theoretischen Zusammenhang zwischen Beratertypologie und seiner (hier nicht vorgestellten) Kliententypologie her, entdeckt dann aber in der folgenden empirischen Untersuchung, dass der vermutete Zusammenhang sich nur teilweise bestätigen lässt. In Hoffmanns Untersuchung überwiegt bei allen Kliententypen die Problemlöserfunktion der Berater, d.h. der Klient erwartet die Erarbeitung entscheidungsreifer Konzepte und Empfehlungen durch den Berater. Der Klient erwartet einen Berater, der fachorientiert berät und damit die Konzepte und Entscheidungen innerhalb der Beratung denkt, formuliert und durchsetzt.

Im Gegensatz dazu steht das personenorientierte Beratungskonzept des Outplacement als «Hilfe zur Selbsthilfe». Laut Pressel (1993, S. 1; 1989, S. 4) stehen bei dem Beratungskonzept der «Hilfe zur Selbsthilfe» die Beziehungsdimension und damit die Beziehungskompetenzen des Beraters im Vordergrund, wie auch schon Schuppert (1989, S. 121) formulierte. Damit ist die erste Beraterqualifikation definiert, die Beziehungsvariable.

5.3.2.3 Beraterqualifikation 1: Beziehung

Die Variable «Beziehung» wurde bereits bei Fischer (2001, S. 155ff) als wesentliche Erfolgsvariable der Beratung erwähnt und wird auch in anderen Untersuchungen als eine der wesentlichen Erfolgsfaktoren einer Beratung beschrieben. **Abbildung 5.4** macht die wesentlichen Faktoren des Beratungserfolgs deutlich, wie sie Lambert (1992, zit. nach Ertelt und Schulz, 2002, S. 171) für drei Jahrzehnte Forschung zu Beratungserfolg zusammenfasst. 40 % des Beratungserfolges sind auf Faktoren seitens des Klienten zurückzuführen, 30 % auf Beziehungsfaktoren und nur jeweils 15 % auf Faktoren der Beratungsmodelle und Techniken beziehungsweise auf Faktoren der Erwartungshaltung.

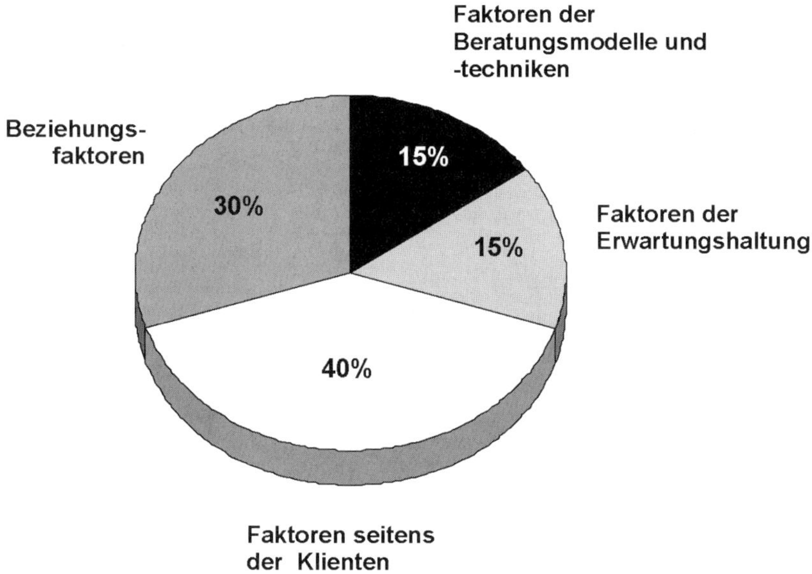

Abbildung 5.4: Faktoren des Beratungserfolgs (nach Lambert 1992, zit. nach Ertelt und Schulz, 2002, S. 171)

Beziehungsfaktoren sind also ein wesentlicher Bestandteil von Beratungserfolg und einer derjenigen Bestandteile, die vom Berater beeinflussbar sind. Beziehungsfaktoren sollten somit auch ein wesentlicher Bestandteil von Beraterqualifikationen sein.

Ivey et. al (1997) betonen die Beratervariablen Respekt, Empathie und Aufrichtigkeit (Echtheit) als Grundlage der Klient-Berater-Beziehung. Auch die Autoren, die in Kapitel 5.3.1. zitiert wurden, legen Wert auf Variablen der Beziehung, wie Empathie, Ehrlichkeit, Soziale Kompetenz etc. Die folgende Aufstellung (**Abbildung 5.5**) gibt die dort genannten Qualifikationsmerkmale der Outplacementberater zusammenfassend wieder, ein Großteil kann der Beziehung zugerechnet werden.

Schuppert (1989)	Sauer (1991)	IG Metall (2002)	Fischer (2002)
• Kanzheitliche, übersituative Denkfähigkeit • Soziale Kompetenz • Geduld und Gelassenheit • Analytische und strategische Denkfähigkeit • Integrität • Psychische Belastbarkeit • Kreativität • Verantwortungsbereitschaft • Konfliktbereitschaft • Persönliches Engagement • Sensibilität und Einfühlungsvermögen • Zuwendungsbereitschaft und -fähigkeit • Überzeugungsfähigkeit • Motivationskraft • Optimismus und Lebensbejahung • Positives Menschenbild • Beratungsethos • Unabhängigkeit, Objektivität • Gesprächs- und Reflexionspartner • Präsenz • Zielrigorosität • Führung und Unterstützung im Suchprozeß • Eine starke Persönlichkeit, die den Mandanten jedoch nicht dominiert, sondern es ihm Kraft ihrer positiven, vertrauenserweckenden Ausstrahlung leicht macht, sich zu öffnen und mitzuteilen. • Die Fähigkeit, zielorientiert mit Nähe und Abstand umzugehen • Verantwortungsbereitschaft, um einen existentiellen Konflikt lösen zu können • Hohe Streßtoleranz • Erhöhte Sensibilität für die Belange des anderen	• Soziale Kompetenz ◦ Wahrnehmungs- und Analysefähigkeiten ◦ Sensibilität und Einfühlungsvermögen (Empathie) ◦ Emotionale Kontrolle ◦ Psychische Belastbarkeit ◦ Kommunikations- und Überzeugungsfähigkeit • Verantwortungsbereitschaft • Konfliktbereitschaft • Motivationskraft • Persönliches Engagement • Ehrlichkeit • Vertrauenswürdigkeit • Diskretion • Integrität • Objektivität • Selbstdisziplin • Starkes Selbstvertrauen • Gute Selbsteinschätzung • Positive Ausstrahlung • Kreativität	• Charakter ◦ Menschliche Integrität ◦ Fähigkeit zum offenen, partnerschaftlichen Verhältnis • Verschwiegenheit • Sensibilität • Einfühlungsvermögen • Analysefähigkeit • Innere Stabilität • Optimismus • Überzeugungskraft • Konfliktbereitschaft	• Autoriät bzw. Überlegenheit (leitet sich explizit nicht aus dem Alter her) • Ehrlichkeit • Struktur geben • Gut(es) Feedback geben

Abbildung 5.5: Zusammenfassung der Qualifikationsmerkmale von Outplacementberatern anhand ausgesuchter Publikationen

Welche nun die *entscheidenden* Faktoren der Beziehung sind, lässt sich aus dieser Tabelle nicht ablesen. Allerdings gibt es einige Variablen, die bei allen Autoren genannt werden. Zudem bedarf es, wie oben bereits erwähnt, eines theoretischen Hintergrundes für Outplacementberatung, um die wesentlichen Variablen zu identifizieren. Wenn, wie in meinen theoretischen Überzeugungen, Beratung Kommunikation ist, und die Fähigkeit beinhaltet, eine der jeweiligen Situation angepasste Beziehung zu entwickeln, dann lassen sich folgende Variablen als wesentlich für eine Berater-Klient-Beziehung herausfiltern:

- Soziale Kompetenz
- Integrität
- Konfliktbereitschaft
- Empathie
- Akzeptanz
- Zuwendungsfähigkeit
- Respekt
- Authentizität
- Tiefes Interesse an Menschen und ihren kognitiven und emotionalen Strukturen

Das Können, das diese Variablen beschreibt, das heißt die Verhaltensebene, die sich aus den Variablen ergibt, lässt sich folgendermaßen beschreiben:

- Erfragt Sichtweisen und bietet eventuell neue Sichtweisen an
- Thematisiert erkannte Widersprüche im Gespräch
- Führt die Möglichkeitsebene ins Gespräch ein
- Hört gut zu
- Respektiert sein Gegenüber und dessen Gedankenwelten
- Berücksichtigt, dass jeder seine eigene Konstruktion und Wirklichkeit hat
- Kann mit dem Klienten dessen individuellen Bedürfnisse erarbeiten und ihn in deren Erfüllung unterstützen
- Ist in seinem Auftreten authentisch und unverfälscht, fügt sich nicht in Stereotypen ein

Diese Verhaltensvariablen kann jeder Betroffene, sei es der Klient, sei es ein Unternehmensvertreter in einem Gespräch mit dem Berater persönlich erleben und beurteilen. Deshalb ist ein Gespräch mit dem jeweiligen Berater für Unternehmensverantwortliche wie zukünftige Klienten unerlässlich, bevor eine Beratung aufgenommen wird.

Hilfreiche Qualifizierungen für dieses Können sind vor allem eine psychologische oder pädagogische Ausbildung oder zumindest Qualifizierung in Kommunikations- und Gesprächstechniken.

Kommunikation führt zu Informationen, die sortiert, gegliedert, rückgemeldet, erschlossen werden müssen. Eine weitere Beraterqualifikation innerhalb der Outplacementberatung ist also nach meiner Einschätzung das Informationsmanagement, wie es auch Ertelt und Schulz (1997, S. 330 ff) als Qualifizierungsmodul für beratelische Berufe formulierten.

5.3.2.4 Beraterqualifikation 2: Informationsmanagement

Die Organisation von Informationen erscheint in dem Bereich der Outplacementberatung als ein wesentlicher Faktor des Beratungserfolges, da hier auch der Bereich der fachlichen Qualifikation angesprochen ist. Das, was bei einigen der oben genannten Autoren als «Analysefähigkeit», «übersituatives Denkvermögen», oder z. B. bei Jochmann (1995, S. 22) als «Analysevermögen», «Vernetztes Denken» und «Organisation und Arbeitstechniken» im Bereich Problemlösungs-Kompetenz beschrieben wird, ist Bestandteil des Informationsmanagements. Informationsmangement wäre nach Graf (2002, S. 113) im Bereich der Methodenkompetenz anzusiedeln. In der dort zitierten Kasseler Studie unterschieden sich effektive von ineffektiven Arbeitsgruppen vor allem durch die Ausprägung der Methodenkompetenz. Dabei handelt es sich um die kognitive Fähigkeit, sich selbständig, flexibel und effizient wie effektiv neues Fachwissen oder neue Arbeitsmethoden anzueignen. Diese Verhaltensbeschreibung trifft auch für die von mir unter dem Stichwort «Informationsmanagement» zusammengefasste Beraterqualifikation zu.

Aus der Reflexion verschiedener Autoren sowie eigenen Überlegungen ergeben sich folgende Variablen des Informationsmanagments:

- Analysefähigkeit
- Vernetztes Denken
- Lernfähigkeit
- Didaktische Fähigkeiten
- Lösungswissen
- Diagnostisches Wissen

Das Verhalten bzw. Können in diesem Bereich lässt sich folgendermaßen beschreiben:

- Verfügt über Instrumente und Fertigkeiten, um komplexe Zusammenhänge in ihrer Wirkung und Beeinflussbarkeit zu analysieren
- Ist in der Lage Soll- und Istzustände zu definieren und die Diskrepanz zu beschreiben
- Findet Möglichkeiten, Neues zu lernen und zu erfahren
- Ist in der Lage, zielgruppenrelevante Informationen zu sammeln und aufzubereiten, so dass das Klientel die Informationen zielbringend nutzen kann
- Verfügt über differenziertes Wissen über Bildungsmöglichkeiten, Arbeitsmarktvorgänge, Berufsentwicklungen, Beratungs- und Vermittlungsmöglichkeiten
- Verfügt über Evaluationsmethoden für Informationssysteme
- Verfügt über Evaluationsmethoden für Beratungserfolg

Diese Ebene ist ebenfalls wieder durch Unternehmen und Klient erfragbar, die Klärung dieser Fähigkeiten und Fertigkeiten ist von Nöten, um eine ideale Beraterauswahl zu treffen.

Hilfreiche Qualifikationen für einen Outplacementberater sind an dieser Stelle sicher ein Hochschulstudium, das die Organisation von Information fordert, Zusatzqualifikationen wie Trainerausbildung o. ä., die die Wissensvermittlung thematisieren sowie Erfahrungen in den Bereichen Wissensvermittlung und Wissenserwerb. Eine ständige Aus- und Fortbildung innerhalb der Outplacementberatung unterstützt die Aufrechterhaltung des spezifischen Lösungswissens, d. h. des Wissens um die Wege und Entwicklungen in und um den Arbeitsmarkt.

Die bisher genannten beiden Qualifikationen lassen sich durch Ausbildungen erwerben bzw. erweitern oder verbessern, die folgende Qualifikation ist eher eine «gegebene». Sie betrifft Persönlichkeitszüge, die ein guter Outplacementberater laut der obigen Autoren und auch nach meinen eigenen Überlegungen haben sollte.

5.3.2.5 Beraterqualifikation 3: Persönlichkeit

Auffallend bei den meisten oben aufgeführten Autoren ist die Betonung der Ausstrahlung, des Optimismus, des Selbstvertrauens und der inneren Stabilität der Outplacementberater. Wildenmann (1996) fordert in seinem «Beraterinventar©» für Berater unter den Aspekten der Persönlichkeit die Beachtung u. a. der Positiven Emotionalität, Humor, der Persönlichen Vision und des Selbstvertrauens neben Aspekten wie Empathie, die ich bereits in der Qualifikation «Beziehung» genannt habe. Die von mir betonten Persönlichkeitsvariablen zielen auf innere Werte der Berater ab, auf Haltungen, die Beziehung sicher beeinflussen, aber sie nicht unmittelbar prägen. An dieser Stelle wird also das Augenmerk auf den Berater gelegt, auf die Frage seiner eigenen psychischen Verfassung und die Kenntnis seiner eigenen Biographie. Egan (1994) nennt dies «Kenntnis der eigenen Person», Graf (2002, S. 114) spricht von «Selbstkompetenz». Hier sind die u. a. Fähigkeiten zur Selbstreflexion und zur Einschätzung der eigenen Stärken und Schwächen gemeint, bis hin zur Fähigkeit eigene Übertragungen und eigene Muster, die in einer Beratung auftauchen können, zu reflektieren.

Die Variablen, die hier nach meiner Meinung wesentlich sind, sind von den meisten Autoren unter 5.3.1 bereits genannt worden:

- Selbstvertrauen
- Innere Stabilität
- Humor
- Persönliche Vision
- Fähigkeit zur Selbstreflexion
- Leistungsmotivation
- Spass an der Arbeit

Sind diese Kompetenzen in Können oder Verhaltensweisen übersetzbar? Wildenmann (1996) sowie Graf (2002) haben hierzu einige Anregungen gegeben, andere definiere ich in meinem Sinne:

- Tritt sicher auf, lässt sich schwer irritieren
- Bezieht kritische Situationen nicht sofort persönlich auf sich
- Gibt in aufreibenden Situationen nicht auf

- Bringt seine Persönlichkeit zur Wirkung, nutzt die Stärken, die er besitzt
- Begeistert sich für seine Projekte und begeistert andere für die Ziele, die er für möglich sieht
- Ist humorvoll und kann über sich selbst lachen
- Kennt seine Stärken und Schwächen, Möglichkeiten und Grenzen und arbeitet an der Entwicklung der Stärken und Kompensation der Schwächen
- Sucht Feedback und Reflexionsmöglichkeiten
- Begeistert sich für seine Arbeit

Unterstützende Ausbildung im Bereich der Persönlichkeit sind die oben bereits erwähnten psychologischen oder pädagogischen Ausbildungen, die die Auseinandersetzung mit dem Individuum, d. h. auch mit sich selbst fördert. Außerdem ist Supervision, wie auch von Ertelt und Schulz (1997, S. 339 ff) gefordert, unabdingbar für jeden Berater und damit auch für einen guten Outplacementberater.

Dies sind die drei Qualifikationen, die nach meiner Auffassung die wesentlichen Qualifikationen von Outplacementberatern darstellen. Sie sind in **Abbildung 5.6** auf S. 102 zusammenfassend dargestellt.

Als unabdingbar diskutiert wird in den meisten Publikationen auch die Berufserfahrung in der Wirtschaft. Ich möchte im Folgenden auf diese *ergänzende* Variable eingehen, ebenso wie auf eine Variable, die außer bei Schuppert (1989) nirgendwo diskutiert wird, nämlich die Berufsethik.

5.3.2.6 Ergänzende Variablen: Wirtschaftserfahrung und Berufsethik

Wirtschaftserfahrung

Berufserfahrung in der Wirtschaft kommt bei fast allen unter 5.3.1 genannten Anforderungsprofilen zum Tragen. Auch der Berufsverband Deutscher Psychologinnen und Psychologen e. V. fordert für die psychologische Beratung im Wirtschaftsbereich und in nicht-erwerbswirtschaftlichen Organisationen

> «[...] Kenntnisse der Werte, Normen sowie Arbeits- und Lebensbedingungen der beteiligten Auftraggeber und der betroffenen Organisationsmitglieder beim Auftraggeber, *erworben durch z. B. Berufserfahrung im Wirtschaftsbereich, im Bereich der öffentlichen Verwaltung, in gemeinnützigen Organisatione, etc.* [Hervorhebung durch die Autorin].»

Sicher ist es hilfreich, Organisationen von innen zu kennen, um Abläufe und auch fachliche Themen zu überblicken. Deshalb wohl fordern so viele Autoren wie die in Abbildung 5.2 und auch in Kapitel 5.3.1 genannten «Wirtschaftserfahrung», «Managementerfahrung» oder auch «Erfahrung im Personalbereich». Sauer (1991) fordert langjährige Erfahrung in *all* diesen Bereichen. Einzig bei Fischer (2001, S. 176 ff) benennen die befragten Outplacementberater «Berufserfahrung als *Outplacementberater* [Hervorhebung durch die Autorin]» als einen wichtigen Qualitätsfaktor für einen guten Outplacementberater. Die für die Beratung notwendigen Erfahrungen aus der Wirtschaft können sich nach Auffassung der Befragten vom täglichen Lesen der FAZ bis hin zu langjährigen Managementerfahrungen erstrecken.

Berater-qualifikation	Variablen (Kompetenz)	Können (Skills) / Verhalten	Qualifizierung (Ideal)
Beziehung	– Soziale Kompetenz – Integrität – Konfliktbereitschaft – Empathie – Akzeptanz – Zuwendungsfähigkeit – Respekt – Authentizität – Tiefes Interesse an Menschen und ihren kognitiven und emotionalen Strukturen	– Erfragt Sichtweisen und schlägt evtl. neue Sichtweisen vor – Thematisiert erkannte Widersprüche im Gespräch – Führt die Möglichkeitsebene ins Gespräch ein – Hört gut zu – Respektiert sein Gegenüber und dessen Gedankenwelten – Berücksichtigt, dass jeder seine eigene Konstruktion und Wirklichkeit hat – Kann mit dem Klienten dessen individuellen Bedürfnisse erarbeiten und ihn in deren Erfüllung unterstützen – Ist in seinem Auftreten authentisch und unverfälscht, fügt sich nicht in Stereotypen ein	– psychologische oder pädagogische Ausbildung – Kommunikationstechniken – Gesprächstechniken
Informations-management	– Analysefähigkeit – Vernetztes Denken – Lernfähigkeit – Didaktische Fähigkeiten – Lösungswissen – Diagnostisches Wissen	– Verfügt über Instrumente und Fertigkeiten, um komplexe Zusammenhänge in ihrer Wirkung und Beeinflussbarkeit zu analysieren – Ist in der Lage Soll- und Istzustände zu definieren und die Diskrepanz zu beschreiben – Findet Möglichkeiten, Neues zu lernen und zu erfahren – Ist in der Lage, zielgruppenrelevante Informationen zu sammeln und aufzubereiten, so dass das Klientel die Informationen zielbringend nutzen kann – Verfügt über Evaluationsmethoden für Informationssysteme – Verfügt über Evaluationsmethoden für Beratungserfolg – Verfügt über differenziertes Wissen über Bildungsmöglichkeiten, Arbeitsmarktvorgänge, Berufsentwicklungen, Beratungs- und Vermittlungsmöglichkeiten	– Hochschulstudium – Zusatzqualifikationen wie Trainerausbildung o. ä. – Erfahrungen in den Bereichen Wissensvermittlung und Wissenserwerb – Ständige Aus- und Fortbildung innerhalb der Outplacementberatung

Berater-qualifikation	Variablen (Kompetenz)	Können (Skills) / Verhalten	Qualifizierung (Ideal)
Persönlichkeit	– Selbstvertrauen – Innere Stabilität – Humor – Persönliche Vision – Fähigkeit zur Selbstreflexion – Leistungsmotivation – Spaß an der Arbeit	– Tritt sicher auf, lässt sich schwer irritieren – Bezieht kritische Situationen nicht sofort persönlich auf sich – Gibt in aufreibenden Situationen nicht auf – Bringt seine Persönlichkeit zur Wirkung, nutzt die Stärken, die er besitzt – Begeistert sich für seine Projekte und begeistert andere für die Ziele, die er für möglich sieht – Ist humorvoll und kann über sich selbst lachen – Kennt seine Stärken und Schwächen, Möglichkeiten und Grenzen und arbeitet an seiner Entwicklung – Sucht Feedback und Reflexionsmöglichkeiten – Begeistert sich für seine Arbeit	– regelmäßige Supervision – psychologische oder pädagogische (Zusatz-) Ausbildung

Abbildung 5.6: Zusammenfassende Darstellung der Beraterqualifikationen für Outplacementberater

Nach meinen eigenen Einsichten sind die Erfahrungen, die ich als Personalerin in der Wirtschaft machte, durchaus hilfreich, um die Strukturen zu verstehen, aus denen meine Klienten kommen und in die sie meist zurückzukehren versuchen. Das Verstehen meiner Klienten und damit das Ankoppeln an ihre Realitätswahrnehmung fällt mir durch meine eigenen Erfahrungen leichter. Außerdem kann ich einen Zugewinn an Autorität meinerseits feststellen, wenn die Klienten meine frühere Profession erfahren. Sie gehen dann davon aus, dass ich über Fachkenntnisse verfüge und ihren wirtschaftlichen Hintergrund verstehe.

Doch wie lange ist mein Fachwissen gültig? Wie lange hilft es mir in der Beratung weiter, wenn ich weiß, wie eine Bewerbung sagen wir, vor 2 oder 5 oder sogar 10 Jahren geschrieben wurde und wie ich als Personalerin damals darauf reagierte, was ich für notwendig oder zeitgemäß ansah? Fachwissen verfällt sehr schnell und die Notwendigkeit der Auffrischung ist außerordentlich rasch gegeben. Insofern ist es auch *nicht unbedingt* für die Beratung hilfreich, wenn einige Outplacementkollegen über langjährige Managementerfahrung verfügen, denn ihre Sozialisation als Manager und ihr Managementbild wurden vor 20, 30 manchmal auch 40 Jahren geprägt. Hilfreich wird es dann, wenn diese Outplacementberater der Selbstreflexion fähig sind und ihre Erfahrungen aus der Wirtschaft auf eine Metaebene transportieren können, wenn sie dieses Wissen zum Verständnis der Klienten nutzen und ihre vergangenen Erfahrungen für die Antizipation zukünftiger Entwicklungen einbringen.

Zudem verfügen die Outplacementklienten meist selbst über hohe Qualifikationen und damit auch über Kenntnisse des Marktes und der Wirtschaft. Ihre Kompetenz zu aktivieren und zu nutzen ist Aufgabe des Outplacementberaters, nicht Ihnen als weiser, allwissender Übervater gegenüberzutreten und den Weg zu weisen.

Wirtschaftserfahrung ist also eine Variable, die nicht notwendigerweise zur Beraterqualifikation zählen muss. Sie birgt aber einen zusätzlichen Nutzen, wenn der Berater sein Fachwissen nicht einfach eins zu eins in die Beratung einbringt, sondern es zum Verständnis des Klienten und zur Strukturierung seines eigenen Wissenserwerbs einsetzt. Darüberhinaus bietet langjährige Managementerfahrung häufig den Vorteil eines weitgespannten Netzwerkes, das wiederum für die Beratung außerordentlich hilfreich sei kann.

Berufsethik

Auf das Thema Ethik kommt außer Schuppert (1989) kein weiterer der oben genannten Autoren zu sprechen, dabei ist die Frage Ethik in der Beratung eine, wie ich finde, wesentliche Variable für die Auswahl eines Outplacementberaters.

Der BDU formuliert in den *Grundsätzen des Bundesverbandes Deutscher Unternehmensberater BDU e. V. für den Beruf «Unternehmensberater»* keine berufsethischen Grundsätze.

Ertelt und Schulz (1997, S. 372 ff) entwickeln 10 beispielhafte Richtlinien für ethisches Verhalten in der beruflichen Beratung, die ich auch für die Outplacementberatung ideal finde. Diese 10 Richtlinien geben Beratern sowie Klienten die Möglichkeit, die ethische Grundhaltung in der Beratung zu prüfen und anhand der Antworten auf die Richtlinien eine Entscheidung für oder gegen einen Outplacementberater oder eine Outplacementberatung zu treffen. Die 10 Richtlinien werden in den Schlagworten von Ertelt und Schulz (1997) in **Abbildung 5.7** vorgestellt.

Richtlinien für ethischen Verhalten in der Beratung (Ertelt und Schulz, 1997, S. 372 ff)	**Anwendbarkeit auf Outplacement beratung**
1. Primäre Verantwortung Die oberste Verantwortung des Beraters ist, stets im besten Interesse der Klienten zu handeln…	*vollständig*
2. Vorinformation über die Beratung Der Berater sollte die Klienten über die Ziele, die Beratungstechniken und die spezifischen Rahmenbedingungen, unter denen die Beratung stattfindet, vor oder zu Beginn der beraterischen Beziehung informieren…	*vollständig*
3. Grenzen der Vertraulichkeit Informationen in der Beratung sind vollständig vertraulich zu behandeln und können nur mit vorheriger Einwilligung des Ratsuchenden weitergegeben werden…	*teilweise*
4. Unparteilichkeit Das Ziel der Beratung ist Entscheidungshilfe für Klienten. Der Berater sollte sich seines persönlichen Wertesystems bewusst sein und sich darum bemühen, seinen Klienten bei wichtigen Entscheidungen und Problemen unvoreingenommen zu helfen…	*vollständig*
5. Qualifizierter Verweis und Konsultation Die Berater kennen ihre Kompetenzgrenzen; sie bieten nur solche Dienstleistungen an und verwenden nur solche Verfahren, für die Sie durch Ausbildung und Erfahrung qualifiziert sind…	*vollständig*
6. Testeinsatz und Eignungsprüfung Der Berater hat den Klienten in verständlicher Form über Art, Zweck und Ergebnisse standardisierter Testverfahren zu unterrichten. Diese Verpflichtung besteht auch bei der Konsultation anderer Fachleute…	*vollständig*
7. Gruppenberatung In einer Gruppensituation ist der Berater verpflichtet, die Ziele und Techniken offenzulegen. Er ist auch für den Schutz jedes einzelnen Gruppenmitglieds vor möglichen physischen oder psychischen Beeinträchtigungen durch die Gruppeninteraktion verantwortlich…	*teilweise*
8. Verantwortung gegenüber der Beratungsinstitution und der Gesellschaft Berater bemühen sich um eine Rollenwahrnehmung, die den Bedürfnissen der eigenen Organisation und der Gesellschaft gerecht wird…	*teilweise*
9. Beraterische Beziehung Ein Berater sollte eine beraterische Beziehung nicht beginnen oder fortsetzen, wenn er erfährt, dass sein Klient bereits von jemand anders professionelle Hilfe bekommt…	*teilweise*
10. Standards für die Qualifikation Ein Berater sollte eine allgemein anerkannte Formalqualifikation in seinem Beruf besitzen und sich um die Erhaltung seiner professionellen Kompetenz durch permanente Weiterbildung bemühen…	*vollständig*

Abbildung 5.7: Richtlinien für ethisches Verhalten in der Beratung (Ertelt und Schulz, 1997, S. 372 ff) und ihre Anwendbarkeit auf Outplacementberatung

Anhand der Richtlinien können Interessierte auf beiden Seiten der Beratung die Ethik, aber in vielen Fällen auch die Qualifikationen der Berater prüfen und sich für oder gegen eine Zusammenarbeit entscheiden. In diesem Sinne sind die Ethikrichtlinien nach Ertelt und Schulz (1997) beinahe eine «Checkliste» für Outplacementberater. Ihre beachtenswerten Aspekte in der Outplacementberatung werden im Folgenden von mir diskutiert. Dabei handelt es sich bei den kursiv gedruckten Aussagen um die zitierten Kernaussagen von Ertelt und Schulz (1997) zu jeder Richtlinie, die ich auf ihre Relevanz für Outplacementberater hin beleuchte.

1. Die oberste Verantwortung des Beraters ist, stets im besten Interesse der Klienten zu handeln.
Nach Ertelt und Schulz (1997, S. 373) kann der Berater diesem Anspruch nur gerecht werden, wenn er bereit ist, sich als Ratsuchender auch an andere zu wenden, sein Wertesystem zu reflektieren, eine ehrliche Selbstevaluation zu betreiben und fachlich wie rechtlich sich auf dem Laufenden zu halten. Hier begegnen wir Forderungen, die ich bereits im vorangegangenen Kapitel als Forderung für die Qualifikation von Outplacementberatern benannt habe. Notwendig ist das Angebot von Supervision bzw. Intervision im Beratungsunternehmen und eine regelmäßige und nachweisliche Weiterbildung in fachlichen, didaktischen und individualpsychologischen Themen.

2. Der Berater sollte die Klienten über die Ziele, die Beratungstechniken und die spezifischen Rahmenbedingungen, unter denen die Beratung stattfindet, vor oder zu Beginn der beraterischen Beziehung informieren.
Dabei sollen nach Ertelt und Schulz (1997) auch u. a. Hinweise zur Vertraulichkeit zur Sprache kommen. Diese Richtlinie wird in allen Outplacementberatungen, die ich kenne, eingehalten, da die Einführung eines neuen Klienten auch die Absprache von Datenschutz und Informationsweitergabe sowie der Dokumentation beinhaltet. Die Beratungstechniken werden bereits häufig im Vorfeld der Beratung vorgestellt. Ihren eigenen theoretischen Hintergrund legen die allerwenigsten Berater allerdings offen – häufig, weil sie über keinen solchen Hintergrund verfügen, sondern sich an die gelernten Techniken halten.

3. Informationen in der Beratung sind grundsätzlich vertraulich zu behandeln und können nur mit vorheriger Einwilligung des Ratsuchenden weitergegeben werden.
An dieser Stelle sei auf Kapitel 5.2.1 und Kapitel 5.2.2 verwiesen, in denen ich den Mehrecksvertrag und die Rahmenbedingungen von Outplacement vorgestellt habe. Dort kam zur Sprache, dass Berichte an das auftraggebende Unternehmen geschrieben werden, die den Fortgang der Beratung beschreiben. Hier verfahre ich so, dass ich meinen Klienten diesen Brief zum Lesen gebe, so dass sie wissen, was an den Geldgeber weitergegeben wird. Manche Kollegen verfahren ebenso, andere schreiben die Briefe ohne Rücksprache mit dem Klienten, andere verweigern dem auftraggebenden Unternehmen gegenüber jede Information. Hier herrscht nach meiner Meinung ein erheblicher Diskussionsbedarf auch mit unseren Kunden und Klienten, die die Relevanz dieser Datenweitergabe besser einschätzen können als die Berater. Dieser Punkt

wäre auch in der Fachvertretung des BDU und in jeder weiteren Standesvertretung von Outplacementberatern zu diskutieren, so dass ein einheitlicher Standard geschaffen wird.

4. Das Ziel der Beratung ist Entscheidungshilfe für Klienten. Der Berater sollte sich seines persönlichen Wertsystems bewusst sein und sich darum bemühen, seinen Klienten bei wichtigen Entscheidungen und Problemen unvoreingenommen zu helfen. Berater müssen jede Art rassischer oder geschlechtstypischer Einseitigkeiten oder Diskriminierungen vermeiden.
Auch in dieser ethischen Richtlinie werden Qualifikationen angesprochen, die in den Abschnitten 5.3.2.1 bis 5.3.2.6 bereits diskutiert wurden. Die Notwendigkeit der Selbstreflexion und der Überprüfung von Werthaltungen und Vorurteilen, die sich durch regelmäßige Super- oder Intervision erhalten lässt, ist auch hier unerlässlich für eine gute und berufsethisch vertretbare Beratung.

5. Die Berater erkennen ihre Kompetenzgrenzen; sie bieten nur solche Dienstleistungen an und verwenden nur solche Verfahren, für die sie durch Ausbildung und Erfahrung qualifiziert sind.
Im Bereich Outplacement gibt es durchaus Kollegen, die, wie Berglas (2003) es für einen Teil der Executive Coaches in den USA feststellt, einfache Antworten und schnelle Ergebnisse vorziehen und introspektive Prozesse für sich wie für den Klienten ablehnen. Sie werden gerne zu Übervätern, die wissen, was gut für den Klienten ist und verstärken so potentiell psychische Probleme, die sie aufgrund der fehlenden psychologischen Ausbildung nicht bedenken können. «Schwierige» Klienten werden andererseits häufig an die Psychologen in der Outplacementberatung weiterverwiesen. Wo also das Gefühl vorherrscht, dass der Klient nicht «normal» reagiert, greifen viele nicht-psychologische Berater auf die Psychologen in den Outplacementberatungen zurück.

Jede Outplacementberatung, die keine Psychologen zur Auswertung und Interpretation ihrer Tests und Testverfahren verpflichtet, handelt im Sinne dieser Richtlinie ethikwidrig und sollte grundsätzlich nicht für Beratungen herangezogen werden.

6. Der Berater hat den Klienten in verständlicher Form über Art, Zweck und Ergebnisse standardisierter Testverfahren zu unterrichten. Diese Verpflichtung besteht auch bei der Konsultation anderer Fachleute.
Ertelt und Schulz (1997) fordern in diesem Leitsatz einerseits die sorgfältige Prüfung der einzusetzenden oder eingesetzten Tests und andererseits die Anwendung und Interpretation von Tests durch ausgebildete Fachleute – im Falle der Outplacementberater sind dies die Psychologen, die bezüglich psychologischer Tests über die entsprechende Qualifikation verfügen.

7. In einer Gruppensituation ist der Berater verpflichtet, die Ziele und Techniken offenzulegen. Er ist auch für den Schutz jedes einzelnen Gruppenmitglieds vor möglichen phy-

sischen oder psychischen Beeinträchtigungen durch die Gruppeninteraktion verantwortlich.
Wo immer Outplacement als Gruppenoutplacement stattfindet, muss dieser Richtlinie Rechnung getragen werden. Weitergehend gilt dies aber auch für die Dynamik im Einzeloutplacement, z. B. beim monatlichen «Kliententreffen».

8. Berater bemühen sich um eine Rollenwahrnehmung, die den Bedürfnissen der eigenen Organisation und der Gesellschaft gerecht wird. Dies bedeutet die Forderung von Maßnahmen zur Harmonisierung individueller Wünsche, rechtlich-institutioneller Rahmenbedingungen und Bedürfnissen der Solidargemeinschaft.
Zu dieser Richtlinie bleibt nicht viel Ergänzendes zu sagen; wichtig ist hier, dass in der Outplacementberatung die Betreuung des Klienten Vorrang hat vor z. B. schnellen Gewinninteressen der Beratungsgesellschaft. Die Intensität und Qualität in der Betreuung der sogenannten «longtermer» sind ein Indiz für die Qualität der Beratung insgesamt. Ebenso gilt dies für den Umgang mit älteren Outplacementklienten. Werden diese in den meisten Fällen in die Selbständigkeit beraten, ist Vorsicht geboten – die Statistik stimmt dann, die persönlichen Schicksale sind häufig allerdings erschreckend, denn ein Scheitern ist oft vorprogrammiert.

9. Ein Berater sollte eine beraterische Beziehung nicht beginnen oder fortsetzen, wenn er erfährt, dass sein Klient bereits von jemand anders professionelle Hilfe bekommt.
Innerhalb der Outplacementberatung ist es durchaus üblich, dass Klienten auch andere Berater zu Spezialthemen konsultieren (z. B. zum Thema Selbständigkeit). Hier tritt die Richtlinie innerhalb einer Beratungsgesellschaft also nicht in Kraft, es sei denn, der Klient lässt sich «heimlich» beraten. Dann muss das Verhältnis von Klient und Berater angesprochen werden. Innerhalb der Beratungen weiß aber jeder Berater, welcher Klient von wem betreut wird, so dass eine heimliche Beratung für höchstens eine Sitzung möglich ist, dann sprechen die Berater auf alle Fälle miteinander.

In Kapitel 4 ist bereits der Hinweis erfolgt, dass eine gleichzeitige Therapie zusammen mit der Outplacementberatung meist kontraindiziert ist, da die Konzentration auf zwei existentielle Themen oft nicht bewältigbar ist. Dies lässt sich aber mit dem Klienten klären.

10. Ein Berater sollte eine allgemein anerkannte Formalqualifikation in seinem Beruf besitzen und sich um die Erhaltung seiner professionellen Kompetenz durch permanente Weiterbildung bemühen.
Über eine Formalqualifikation für Outplacementberater hat sich noch niemand allgemeingültig und verbindlich Gedanken gemacht. Natürlich hat jede Outplacementfirma ihren eigenen Qualifikationskodex, der häufig aber nur implizit vorliegt. So gibt es in vielen Fällen auch keine systematisierte Aus- bzw. Weiterbildung und schon gar kein systematisiertes Anforderungsprofil oder Ausbildungsprofil für Outplacementberater. Ein Beitrag zur Klärung dieser Fragen soll dieses Buch sein, einen weiteren Beitrag kann jede Standesvertretung leisten, die sich dieses Themas annimmt.

In der Auseinandersetzung mit den ethischen Leitsätzen von Ertelt und Schulz (1997) und ihrer Anwendbarkeit auf die Outplacementberatung wird deutlich, dass viele Punkte, die in den vorhergehenden Kapiteln zur Qualifikation von Outplacementberatern zur Sprache kamen, einen Einfluss auf das berufsethische Verhalten haben bzw. Bestandeil berufsethischen Verhaltens sind. Daher halte ich die Fragen nach diesen ethischen Grundsätzen für ein gutes Überprüfungsinstrumentarium für Klienten und Auftraggeber von Outplacement.

Die Entscheidung für oder gegen einen Outplacementberater ist innerhalb der Entscheidung für oder gegen Outplacement eher nachgelagert. Outplacement kann intern wie extern angeboten werden. Dabei spielen häufig Unternehmensgröße, Menge der freizusetztenden Mitarbeiter und Kosten eine entscheidende Rolle. Mit diesem Themenkomplex beschäftigt sich Kapitel 6, das sich damit vom bisherigen Fokus dieses Buches löst. Kapitel 6 soll als Ergänzung verstanden werden, das Praktikern die Entscheidung zwischen interner und externer Outplacementberatung ermöglicht. Andererseits fließen auch in diese Entscheidung Kriterien der Qualifikation von Outplacementberatern ein, weswegen die Thematik interne versus externe Beratung nach den Beraterqualifikationen diskutiert wird.

6. Interne versus externe Outplacementberatung

Es ist möglich, Outplacementberatung innerhalb und außerhalb der Organisation anzubieten. Wann ist welche Variante sinnvoll? Dieser Fragestellung werde ich im Folgenden nachgehen; zunächst sei eine kurze Definition der Beratungsarten vorgestellt.

Externe Outplacementberatung bedeutet, dass die gesamten Beratungsaufgaben, Hilfsmittel und Einrichtungen von einem externen Berater erbracht und bereitgestellt werden. Die Beziehung zwischen Berater und auftraggebendem Unternehmen ist formal-juristisch per Vertrag im Vorfeld des Beratungsprozesses festgelegt.

Bei der *internen Outplacementberatung* gehört der Outplacementberater zum auftraggebenden Unternehmen. Die Beziehung zwischen Outplacementberater und auftraggebendem Unternehmen ist formal-juristisch über einen Arbeitsvertrag geregelt.

Für die Entscheidungsfindung zwischen den beiden Alternativen, werde ich die jeweils möglichen Kriterien vorstellen.

6.1 Kriterien für die Entscheidung zwischen externer oder interner Outplacementberatung

Sauer (1991, S. 132 ff) benennt einige Kriterien zur Entscheidungsfindung zwischen externer und interner Outplacementberatung, die ich aufgreifen möchte:

- Unternehmensimage
- Dringlichkeit des Beratungsbedarfs
- Unabhängigkeit des Outplacementberaters
- Akzeptanz des Outplacementberaters
- Kosten für das Unternehmen

Diese Entscheidungskriterien lassen sich durch Unterpunkte wie organisationspsychologische Aspekte ergänzen. Sie bilden im Folgenden das Gerüst für die Diskussion von Vor- und Nachteilen der einzelnen Beratungsarten.

Die externe Outplacementberatung ist die erste Beratungsform, die ich diskutieren möchte, u. a. da die externe Outplacementberatung als Normalfall in der Öffentlichkeit antizipiert wird.

6.1.1 Vor- und Nachteile der externen Outplacementberatung

Bei der externen Outplacementberatung übernimmt der Outplacementberater gegenüber dem auftraggebenden Unternehmen alle Aufgaben des Outplacement einschließlich der Bereitstellung von Hilfsmitteln und Einrichtungen, wie Arbeits- und Beratungsräumen, Schreibtischen, Medien in jeder Form und dem Sekretariatsservice.

Die Vor- und Nachteile sind bezogen auf die oben genannten Entscheidungskriterien (Sauer, 1991, S. 132 ff) folgende:

- Unternehmensimage

Durch die Einbindung einer externen, seriösen Outplacementberatung wird der gute Ruf des Outplacementberatungsunternehmens auf die auftraggebende Firma übertragen. Die Einbindung von in der Öffentlichkeit anerkannten Beratern wird laut Sauer (1991, S. 131) häufig auch als Statussymbol angesehen, in dem Sinne, dass ein Unternehmen sich diese Dienstleistung leisten kann. Sauer (1991, S. 131) spricht in diesem Zusammenhang in Anlehnung an Perlitz (1975) vom «McKinsey-Effekt». Gleichzeitig wird Mitarbeitern wie Außenstehenden signalisiert, dass sich das Unternehmen seine soziale Verantwortung «etwas kosten lässt» und auf qualifizierte Betreuung Wert legt. Das Unternehmen unterstreicht seine Unternehmenskultur nach innen und außen.

Nachteilig könnte sich auswirken, dass das «Weggeben» der Outplacementberatung signalisiert, dass sich das Unternehmen nicht selbst um die Trennungssituation kümmern will. Dieser Eindruck kann aber nur entstehen, wenn ein Unternehmen die Klärung der Trennung vom Outplacementberater erhofft, d. h. von ihm z. B. das Führen des Trennungsgespräches erwartet und der Berater diese Aufgabe auch übernimmt. Jedes seriöse Outplacementunternehmen muss dieses Ansinnen, wie bereits in Kapitel 4.1 angesprochen, ablehnen.

- Dringlichkeit des Beratungsbedarfs

Bei kurzfristig vorliegendem Beratungsbedarf ist die Verpflichtung eines externen Outplacementberaters die ideale Alternative. Ein externes Beratungsunternehmen verfügt über die notwendige Infrastruktur und die notwendigen beraterischen Kapazitäten, selbst wenn es nicht vor Ort agiert. In diesem Falle lässt sich eine Beratung in der nächstgelegenen Niederlassung des Outplacementunternehmens oder im Hotel oder anderen Örtlichkeiten organisieren. Kann das Outplacementunternehmen die logistischen und beraterischen Ressourcen nachweisen, kann die Beratung sofort erfolgen.

Bei einzeln agierenden Beratern ergibt sich die Fragestellung, inwieweit sie in der Lage sind, die Anforderungen des auftraggebenden Unternehmens zu verwirklichen. Doch die meisten Outplacementberater agieren im Netzwerk, wenn sie nicht in eine der großen Unternehmungen eingebunden sind, d. h. auch sie sind häufig in der Lage logistische wie beraterische Ressourcen zu aktivieren, um allen Aufträgen gerecht zu werden.

Sauer (1991, S. 136) argumentiert hinsichtlich der Verfügbarkeit des Outplacementberaters damit, dass die externe Beratung üblicherweise bedeutet, dass der Berater für den Klienten nicht immer greifbar ist. Sie sieht dies als Nachteil an, ich sehe dieses Argument als Vorteil. Denn der Berater soll ja den Klienten durch Hilfe zur Selbsthilfe begleiten, d. h. der Klient treibt in Eigenverantwortung seine berufliche Neuorientierung voran. Diese Eigenverantwortung kann er leben, gerade wenn der Berater nicht immer greifbar ist. In dringenden Bedarfsfällen steht in jedem größeren Outplacementunternehmen ein Ersatzberater zur Verfügung.

- Unabhängigkeit des Outplacementberaters

Ein Outplacementberater nimmt innerhalb einer zum Teil konfliktgeladenen Trennungssituation eine durchaus zwiespältige Position ein. Er berät im Auftrag des Unternehmens den freizusetzenden Mitarbeiter, dessen Vorgesetzten er im beraterischen Idealfall im Vorfeld zur Trennung beraten hat. Er ist also Vertrauter beider Beteiligter und muss sich dieses Vertrauen erarbeiten und erhalten, ohne zum Komplizen einer der beiden Seiten zu werden.

Ein externer Outplacementberater bietet hier den Vorteil, dass er offensichtlich unabhängig vom Unternehmen erscheint. Die Bindung des Outplacementberaters an das Unternehmen ist geringer als bei einem internen Outplacementberater. Allerdings weist Sauer (1991, S. 139) zurecht darauf hin, dass auch einem externen Outplacementberater der Vorwurf gemacht werden kann, eher Interessensvertreter der Unternehmensleitung als des freigesetzten Mitarbeiters zu sein, da er seinen Auftrag und sein Honorar von der Unternehmensleitung erhält. Die Unabhängigkeit ist also auch beim externen Berater nicht absolut gegeben. Sollte er sich jedoch den in Kapitel 5.3 diskutierten ethischen Richtlinien verpflichtet sehen, so wird er sich um das Wohl des Klienten bemühen und die Neutralität zu wahren versuchen.

Zudem hat ein externer Berater bzw. ein externes Beratungsunternehmen schon aus existentiellen Gründen ein großes Interesse an der optimalen Erfüllung des Auftrages, um zu Folgeaufträgen zu kommen. Eine optimale Auftragserfüllung kann aber nur in der Zufriedenheit beider Parteien bestehen, so dass an dieser Stelle die Unabhängigkeit des Outplacementberaters im weitesten Sinne gegeben ist. Wie in Kapitel 5.2 angesprochen, besteht in Bezug auf das Ziel der Outplacementberatung, nämlich einer schnell gefunden neuen Tätigkeit für den betroffenen Mitarbeiter, kein Zielkonflikt zwischen den beteiligten Parteien. Der Outplacementberater arbeitet in diesem Sinne im Interesse beider Parteien und somit «unabhängig» vom Interesse einer einzigen Partei.

Im Gegensatz zu Sauer (1991), die an vielen Stellen von einer sehr konfliktreichen Trennung im Vorlauf eines Outplacementprozesses ausgeht, ist meine Erfahrung, dass die Trennung häufig einvernehmlich stattfindet und das Outplacementangebot als soziale Abfederung des Unternehmens verstanden und angenommen wird. In meinen Erfahrungen als externe Beraterin hat die Frage nach der Unabhängigkeit des Beraters keine vordergründige Rolle gespielt – wie sich dies einer internen Beraterin gegenüber darstellen würde, bleibt für mich offen.

- Akzeptanz des Beraters

Der Aspekt der Akzeptanz des Beraters kann nicht in erster Linie unter dem Aspekt interne versus externe Outplacementberatung wahrgenommen werden. Die fachliche wie persönliche Eignung eines Outplacementberaters und seine Fähigkeit eine vertrauensvolle Beziehung zum Klienten aufzubauen – wie in Kapitel 5.3 ausführlich diskutiert – sind unabhängig von der Tatsache der Unternehmenszugehörigkeit.

Seitens des Klienten wird allerdings bei einem externen Outplacementberater, der diesen «Titel» führt und mit einem Outplacementunternehmen assoziiert ist, eine Expertise angenommen, die den Prozess der Vertrauensbildung oft erleichtert. Außerdem verfügen die größeren Outplacementfirmen über die Möglichkeit eines Beraterwechsels, sollte der Klient den vorgesehenen Berater aus persönlichen Gründen nicht akzeptieren können.

- Kosten für das Unternehmen

Sauer (1991, S. 144 ff) setzt sich sehr detailliert mit den anfallenden Kosten jeder Beratungsart auseinander. Die laut Sauer (1991) anfallenden Kosten für eine externe Outplacementberatung gliedern sich in Kosten der Beraterrekrutierung, das Beraterhonorar und gegebenenfalls Spesen. Zudem müssen noch Koordinationskosten berücksichtigt werden.

Die *Kosten für die Beraterrekrutierung* umfassen alle Kosten, die in Zusammenhang mit der Beraterauswahl bis zum Abschluss des Beratervertrages anfallen. Dazu rechnet Sauer die Kosten der Informationsbeschaffung über Leistungsangebote und Beratungskonditionen sowie der Aufarbeitung dieser Informationen. Des Weiteren fallen Kosten an für die direkte Kontaktaufnahme mit den Outplacementberatern, für Referenzeinholungen und für die Entwicklung von Beurteilungskriterien für die Entscheidungsfindung. Dieser gesamte Kostenblock ist sehr gering und kann für einen Entscheidungsprozess vernachlässigt werden.

Beraterhonorare sind im Bereich Outplacement sehr unterschiedlich. Zum einen wird unterschieden zwischen den verschiedenen Beratungsformen, also unbefristetes Einzeloutplacement, befristetes Einzeloutplacement sowie Gruppennoutplacement, wie ich sie in Kapitel 2.1 dargestellt habe. Zum anderen sind die verschiedenartigen Anbieter unterschiedlich teuer – die Mitglieder der Fachsektion Outplacement im BDU haben alle ähnliche Honorarstrukturen, aber der Markt bietet auch freie Outplacementberater bzw. andere Outplacementunternehmen, die ihre Honorare geringer ansetzen, als die Großen der Branche. Von daher ist eine Aussage zu den Honorarkosten an dieser Stelle unsinnig. Die Zeitschrift Personalwirtschaft des Luchterhandverlages veröffentlicht regelmäßig Preis- und Leistungsvergleiche der Outplacementanbieter, allerdings auch hier die der überregionalen Anbieter.

Als *Koordinationskosten* bezeichnet Sauer (1991, S. 145) alle Kosten, die die Personalabteilung betreffen, weil sie während des Beratungsprozesses die Abstimmung von Einzelaktivitäten und Terminen mit dem Berater übernimmt. Auch diese Kosten sind vernachlässigbar.

Die anfallenden Kosten einer externen Outplacementberatung werden also ausschließlich durch die Anzahl der Beratungsfälle, d. h. der Beratungshonorare bestimmt. Die Kosten sind langfristig absolut variabel je nach «Menge» der Fälle, sie steigen mit der Menge der Fälle linear an.

Die Menge der Outplacementfälle innerhalb eines Unternehmens beeinflusst die Entscheidung externe oder integren Outplacementberatung wesentlich. Im Folgenden beschreibe ich die Vor- und Nachteile der internen Outplacementberatung gegliedert nach denselben Kriterien wie oben.

6.1.2 Vor- und Nachteile der internen Outplacementberatung

Bei der hier diskutierten Form der internen Outplacementberatung gehe ich von Sauers (1991, S. 116 ff) «Idealfall» aus. Diese Outplacementberatung wird dauerhaft – im Gegensatz zu einem Projektstatus – im Unternehmen integriert und als interne Beratungsstelle definiert. Sie ist nach Sauer damit ähnlich den Stabsfunktionen hierarchisch hoch aufgehängt.

Die Vor- bzw. Nachteile der internen Outplacementberatung lassen sich bei den Entscheidungskriterien wie folgt aufzeigen:

- Unternehmensimage

Der Vorteil einer internen Outplacementberatung für das Unternehmensimage liegt wie im Falle der externen Outplacementberatung darin, dass das Unternehmen seine soziale Verpflichtung nach innen und außen demonstriert.

Nachteilig könnte sich auswirken, dass das Unternehmen sich mit einer fest installierten «Trennungs-Stelle» die Möglichkeit der Trennung demonstrativ offen lässt. Dies könnte als «Drohung» verstanden werden und die Unternehmenskultur nachteilig beeinflussen.

Hinzu kommt ein weiterer Aspekt aus meinen eigenen Erfahrungen. Wie in Kapitel 4 zum Teil vorgestellt, fällt es Mitarbeitern oft schwer, den Abschied zu akzeptieren und zu vollziehen. Verbleiben sie nun – auch in der Form als Outplacementklient – im Unternehmen, nähren sie eventuell die Illusion, noch immer Chancen beim ehemaligen Arbeitgeber zu haben. Ich halte diesen Aspekt für nicht zu unterschätzen in der Arbeit mit und für den Klienten.

- Dringlichkeit des Beratungsbedarfs

Ist noch keine interne Outplacementberatung eingerichtet, ist die Wahl einer externen Outplacementberatung für kurzfristigen Beratungsbedarf die ideale Form. Bei jedem Outplacementbedarf, der eine gewisse Planungszeit hat, ist die interne Outplacementberatungsstelle ebenfalls denkbar.

- Unabhängigkeit des Outplacementberaters

Bei einer internen Outplacementberatung herrscht immer die Gefahr, dass die Unabhängigkeit des Beraters (und des Prozesses) in Frage gestellt wird, da die Bindung des Beraters an das Unternehmen eindeutig und klar über den Arbeitsvertrag bestimmt ist und somit die Abhängigkeit vordergründig sehr deutlich erscheint.

Allerdings gilt auch hier, wie oben bereits erwähnt und in Kapitel 5.2 dargestellt, dass der Outplacementberater grundsätzlich im Sinne aller Beteiligten arbeitet, da das

Ziel einer schnellen beruflichen Neuorientierung im Sinne aller Beteiligten ist. Ist ein Outplacementangebot also erst einmal vom Betroffenen akzeptiert, ist die Unabhängigkeit des Outplacementberaters keine wesentliche Fragestellung für den Beratungsprozess, wenn er sich an die Schweigepflicht und Vertraulichkeit als ethische Grundsätze von Beratung hält.

- Akzeptanz des Outplacementberaters

Hier gilt für den internen Berater dasselbe wie für den externen Berater. Die fachliche wie persönliche Eignung eines Outplacementberaters und seine Fähigkeit eine vertrauensvolle Beziehung zum Klienten aufzubauen, ist unabhängig von der Tatsache der Unternehmenszugehörigkeit.

Seitens des Klienten wird allerdings bei einem internen Outplacementberater, der aus dem Unternehmen kommt möglicherweise angenommen, dass er über keine oder wenig Expertise verfüge und auch nicht mehr wisse, als der Klient selbst. Der interne Berater kennt überwiegend nur seine Firma, seinen Markt, sein Umfeld, die Kultur seines Betriebes. Hat er auch Kenntnis über weitergehende Möglichkeiten auf dem Markt? Hieraus kann sich ein Autoritätsproblem ergeben.

Andererseits verfügt ein Berater, der aus der Organisation kommt über Wissen zur Organisation, kennt Sprachregelungen, Spielregeln, Tabus. Von daher kann der Berater für den Klienten gerade Experte sein, denn er kennt die Organisation. Der Klienten kann zu jemandem, der «seine Sprache spricht», schnell Vertrauen gewinnen.

Schwierig erscheint mir, dass der interne Berater eventuell Kenntnisse über den Klienten und dessen bisherige Tätigkeiten hat, die sich aus der Organisation nähren. So können Vorurteile in die Beratung einfließen, die die Ressourcenorientierung des Beraters hindern und ihm den Blick auf Neues, Unbelastetes ohne mögliche firmeninterne Einengungen verstellen. Diese Argumentation verfolgt auch Berg-Peer (2003, S. 190) wenn sie darstellt, dass nach ihrer Erfahrung interne Berater, vor allem, wenn sie mit der Personalabteilung assoziiert sind, in einer Phase des Personalabbaus nicht immer das Vertrauen der Mitarbeiter finden und die internen Berater, die meist aus der Personalabteilung rekrutiert werden, den Outplacementteilnehmern aus jahrelanger Kenntnis oft nicht objektiv gegenübertreten können.

Sauer (1991, S. 141) formuliert die Problematik, dass Führungskräften häufig die Bereitschaft fehlt, ihre persönlichen Ängste, Emotionen und Probleme gegenüber einem anderen Unternehmensmitglied offenzulegen. Von daher sei für diese Zielgruppe ein externer Outplacementberater vorzuziehen, während andere Unternehmensmitglieder sich mit instrumentelleren Dinge befassen müssten und die Ängste und Emotionen zurückständen. Diese Mitarbeiter könnten von einem internen Berater beraten werden.

Dieser Argumentation kann ich nicht folgen, denn die tariflichen Mitarbeiter, die von einer Entlassung betroffen sind, haben ebenso mit Ängsten und Problemen zu kämpfen, wie Führungskräfte. Zudem ist die Trennung von interner und externer Beratung anhand von Hierarchien fatal. Sie untergräbt die Autorität des internen Outplacementberaters durch diese Unternehmenspolitik und konterkariert die Wirkungen für das Unternehmensimage. Das Unternehmen tut etwas qualitativ Hochwertiges und Teures für die «Großkopferten» und «die Kleinen» kriegen nur einen «billigen Abklatsch», den sie nicht ernst nehmen können.

- Kosten für das Unternehmen

Wie oben bereits erwähnt, erscheint dieses Kriterium als das wichtigste Entscheidungskriterium für eine interne Outplacementberatung. Sauer (1991, S. 145 ff) stellt auch bei der internen Outplacementberatung die zugehörigen Kostenarten detailliert auf. Hier fallen zunächst einmal Vorbereitungskosten an. Hinzu kommen Arbeitsplatzkosten, Kosten der Beraterrekrutierung, des Beratereinsatzes (Personalkosten) sowie Kosten für Arbeitsmittel, für die beraterliche Unterstützung und die Koordinationskosten.

Vorbereitungskosten sind alle Kosten, die anfallen, um eine interne Outplacementberatungsstelle zu implementieren.

Arbeitsplatzkosten sind alle Investitionen, die zur Ausstattung der neu geschaffenen Beratungsstelle notwenig sind. Darunter fallen Räumlichkeiten, Arbeitsplätze, Medien und weitere Hilfsmittel zur Kommunikation, Training etc.

Je nach Rekrutierung aus den eigenen Reihen oder aus dem externen Markt fallen bei den *Kosten der Beraterrekrutierung* Schulungs- und Personalentwicklungskosten an oder Personalwerbungs- und Einarbeitungskosten.

Der *Beratereinsatz kostet* das Unternehmen Personalkosten, die die Gehaltszahlungen, die Personalnebenkosten und die Sozialleistungen umfassen.

Kosten für Arbeitsmittel fallen während des Beratungsprozesses an und müssen veranschlagt werden. *Kosten für beraterliche Unterstützung* nennt Sauer (1991, S. 148) z. B. die Bereitstellung von Sekretariatsdiensten. Und *Koordinationskosten* sind, wie schon bei der externen Beratung, die Kosten, die aus den Informationsbeziehungen zwischen Personalabteilung und Berater entstehen.

Laut Sauer (1991, S. 150) sind die Kosten einer internen Outplacementberatungsstelle

> «[…] bis auf einen vernachlässigbaren Teil variabler Kostenbestandteile für laufende Arbeitmittel und Koordinationsaufgaben mit der Personalabteilung […] von der Anzahl der Beratungsfälle unabhängig und somit fix.»

Dabei gilt, dass sich eine Break-Even-Menge von Beratungsfällen pro Jahr ergibt, die die Kosten der internen Outplacementberatung gegenüber der externen Outplacementberatung verringern, wie in **Abbildung 6.1** auf S. 118 verdeutlicht.

Nach den oben dargestellten Vergleichskriterien der beiden Alternativen nach Sauer (1991, S. 132 ff) ergibt sich ein eindeutiger Vorteil für die externe Lösung. Einzig die Menge der Outplacementfälle lässt ab einer gewissen Anzahl die interne Lösung sinnvoll erscheinen, was voraussetzt, dass eine Prognose der Freisetzungen pro Jahr abgegeben werden kann.

Meist findet aber im Falle von Massenentlassungen, was einer der wesentlichen Gründe für eine Break-Even-Menge an Outplacementfällen sein kann, eine Kombination von externem und internem Outplacement statt. Diese Kombinationsmöglichkeit werde ich im Folgenden kurz aufzeigen.

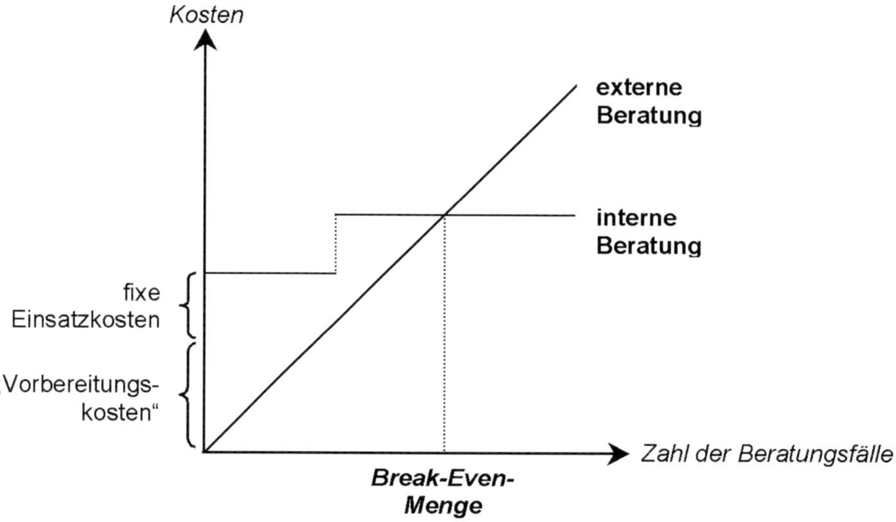

Abbildung 6.1: Verlauf der durch die Wahlalternativen verursachten Kosten in Abhängigkeit von der Zahl der Beratungsfälle (Sauer, 1991, S. 151)

6.2 Kombination von externer und interner Outplacementberatung

Sauer (1991, S. 111 ff) spricht die Möglichkeit der kombinierten Outplacementberatung an; dabei arbeiten sowohl externe wie interne Berater in unterschiedlicher Weise im Trennungsprozess zusammen. Zwei Kombinationsmöglichkeiten sind nach Sauer (1991, S. 126) sinnvoll:

- Der externe Outplacementberater übernimmt den unternehmensbezogenen Beratungsteil (die Beratung vor der Durchführung der Trennung); der interne Berater die Beratung des freigesetzten Mitarbeiters nach der Trennungsvereinbarung.
- Der interne Berater übernimmt die unternehmensbezogene Beratung, während der externe Berater die mitarbeiterbezogene Beratung durchführt

Doch auch andere Kombinationen sind denkbar, so arbeiteten für das Unternehmen KSB in Frankenthal zwei interne Berater mit einem externen erfahrenen Outplacementberater in einem «Bewerbungsbüro» im Unternehmen zusammen, um die von der Gießereischliessung betroffenen Mitarbeiter bei der beruflichen Neuorientierung zu unterstützen (o. V., 1997).

Bei den im *IAB Werksattbericht* Nr. 7/2000 vorgestellten Fallstudien zu §§ 254 ff SGB III, werden zwei Fälle erwähnt, in denen Outplacementberatungen mit externen Beratern *in* den Unternehmen angeboten werden. Das heisst das freisetzende Unternehmen stellt die Örtlichkeiten und die Infrastruktur zur Verfügung, die Outplacementberatung bringt die Berater und das Know-how ein. Diese Kombinationsform wird in den letzten Jahren immer häufiger genutzt, wenn eine Outplacementberatung im Falle von Massenfreisetzungen eingeschaltet wird. Allein v. Rundstedt & Partner Berlin arbeitete zu Beginn des Jahres 2003 in zwei großen Aufträgen auf diese Weise mit den jeweiligen auftraggebenden Unternehmen zusammen. Der administrative Service wird dabei entweder vom auftraggebenden Unternehmen übernommen oder von ihm beim Beratungsunternehmen eingekauft.

Die hier zuletzt vorgestellt Kombinationsart ist die häufigste in der Outplacementberatung und die sinnvollste im Zusammenhang mit Massenfreisetzungen, da die Unternehmen meist über Infrastruktur und Örtlichkeiten verfügen, die eine Beratung einer großen Anzahl von Mitarbeitern ermöglichen. Außerdem nutzten viele auftraggebende Unternehmen diese Kombination dazu, einigen Mitarbeitern wie z. B. Assistentinnen eine befristete Arbeitsmöglichkeit zu schaffen und ihnen zu einer Weiterqualifizierung in der Zusammenarbeit mit den Outplacementberatern zu verhelfen.

Nach meiner Einschätzung sind viele mögliche Kombinationen von interner und externe Outplacementberatung denkbar, auch solche, in denen der Outplacementberater für Themenkomplexe, einzelne Phasen oder eben zur Implementierung des Prozesses innerhalb des Unternehmens herangezogen wird.

Soweit der Arbeitsmarkt in der Bundesrepublik, in Europa und weltweit sich wandelt und verändert, soweit muss die Outplacementberatung ebenfalls sich wandeln und mit den Veränderungen dieses Arbeitsmarkt und der Arbeitnehmer umgehen. Diesen Aspekt möchte ich im Ausblick im folgenden Kapitel beleuchten.

Zusammenfassung und Ausblick

Ziel dieses Buches war u.a. die Darstellung der Outplacementberatung mit dem Fokus auf dem Prozess der Beratung. Dabei wurden in Kapitel eins bis drei die Ursprünge, Definitionen und Formen der Outplacementberatung vorgestellt und um die Themenkomplexe der betrieblichen Trennungsformen und die Darstellung des typischen Outplacementklienten erweitert. Außerdem wurden die Vorteile von Outplacementberatung für Arbeitnehmer und Arbeitgeber dargestellt. Kapitel 4 konzentrierte sich dann auf den Prozess der Beratung, der anhand vieler Beispiele aus meiner eigenen Berufspraxis verdeutlicht wurde. Bis hierher beschäftigt sich das Buch mit dem, was Outplacementberatung bis heute *ist*.

Kapitel 5 mit der Fragestellung zu notwendigen Qualifikationen von Outplacementberatern verlässt diese Zeitdimension der Gegenwart. In dem Maße, in dem Outplacementberater (wie andere Berater auch) begreifen, dass der Klient der Experte in der Beratung ist, in dem Maße werden Berater nicht mehr als allwissende Überväter auftreten, sondern als Prozessbegleiter. Diese Prozessbegleitung verlangt nach Qualifikationen, die hauptsächlich in der kommunikativ-sozialen Kompetenz und in der personalen Kompetenz liegen.

Diese Entwicklung innerhalb des Kapitels 5 hat mich als Autorin selbst überrascht. Erst die intensive Auseinandersetzung mit dem Beratungsprozess und mit den bisher von anderen Autoren formulierten Anforderungen an Outplacementberater haben mich zu diesem Ergebnis geführt. Es mag viele Leser ebenfalls überraschen, da es die existierenden Beratungsqualifikationen vieler Outplacementberater in Frage stellt. Denn noch immer sind viele Berater, Klienten und Unternehmensvertreter der Überzeugung, dass Wirtschaftserfahrung und die Kenntnisse der Beratungsinstrumente die wesentlichen Voraussetzungen für eine gute Outplacementarbeit sind. Ich stelle fest, dass die Fähigkeit, in der jeweiligen Situation individuell an die Wirklichkeit des Klienten anzukoppeln, ein wesentliches Geheimnis guter Outplacementarbeit ist.

Kurz vor Abschluss dieses Buches habe ich noch einmal eine Bestätigung dieser Überlegungen in der beraterischen Praxis erfahren. Ein sehr hochkarätiger, gestandener Top-Manager war im psychologischen Feedback bei mir. Er verfügte über umfangreiches Lösungswissen und über Netzwerke und Kenntnisse in seiner Branche, die ich nicht haben konnte. Er hatte bereits einen neuen Arbeitsvertrag in der Tasche, er war durch den Arbeitsplatzverlust nicht existentiell bedroht. – Und doch erlebte er eine ungeheure Krise.

Im Dialog über die Ergebnisse der psychologischen Tests kam zur Sprache, dass er nicht Abschied nehmen konnte von seinem alten Unternehmen, dem er über fünfzehn Jahre angehört hatte. Er brauchte die Outplacementberatung als Möglichkeit zur Trauerarbeit und wollte, als ihm dies im Gespräch bewusst wurde, die Outplacementberatung genau dafür nutzen. Mein Beitrag in dieser Beratungssitzung war, ihn zu unterstützen, die Trauer zu formulieren und ihm die Zuversicht zu geben, dass eine solche Trauer nach fünfzehn Jahren legitim ist und er sich Zeit für sie nehmen darf. Zeit und Raum dafür fand er dabei in unserem Beratungsunternehmen und einen fähigen Begleiter in seinem pädagogisch wie psychologisch geschulten Berater.

Ich will Outplacement nicht als abgewandelte Therapieform verstanden wissen. Die Instrumente, die für die berufliche Neuorientierung entwickelt wurden und Anwendung finden, sind notwendige Hilfswerkzeuge; die Struktur der Outplacementunternehmen ist hilfreich für alle Beteiligten und die Zielsetzung aller Beteiligten in diesem Prozess ist klar: möglichst schnell eine neue Tätigkeit für den betroffenen Arbeitnehmer zu finden. Aber das obige Beispiel macht klar, dass dies nicht immer «alles» ist, was in einem solchen Prozess zum Tragen kommt und ein Outplacementberater sollte in der Lage sein auf solche «anderen» Anforderungen adäquat zu reagieren. Dies verlangt nach einer Ausbildung, die Fähigkeiten dazu vermittelt und nach konsequenter Fortbildung und Supervision in der Beratung selbst. Psychologen können und müssen in diesem Tätigkeitsbereich eine relevante Rolle übernehmen, denn ihre Ausbildung gestattet genau den Einsatz der notwendigen Qualifikationen. Das psychologische Wissen um die Sozialisation durch Arbeit, zur Entwicklung von Werten und Einstellungen in der Berufsarbeit, zu Identitätsentwicklung und Identitätsbedrohung; Kenntnisse psychologischer Konzepte der Berufs- und Karriereberatung sowie die geschulten diagnostischen Fähigkeiten sind spezifische psychologische Kompetenzen, die im Prozess der Outplacementberatung deutlich *notwendige* Kompetenzen sind.

Das Angebot der Outplacementberatung fokussiert bis heute auf die berufliche Neuorientierung. Im Wandel der Zeiten sehe ich ihre Entwicklung hin zur Karriereberatung im weitesten Sinne. Gerade in den Zeiten der Baisse ist es notwendig, mit dem Klienten Auswege zu finden, die nicht nur in der Suche nach einer anderen Tätigkeit liegen können, sondern auch in der Auseinandersetzung mit seinen Zielen und Möglichkeiten, die ihn dann durchaus zu anderen beruflichen und privaten Ufern führen können.

Ein Outplacementberater muss in diesem Zusammenhang in der Lage sein, die Entscheidungen des Klienten zu akzeptieren ohne ihnen widerstandslos nachzugeben. Er muss ein aufmerksamer, einfühlsamer *Partner* im Beratungsprozess sein, weder Übervater noch bedingungsloser Ja-Sager.

Die sich ständig verschärfende Krise auf dem Arbeitsmarkt stellt neue Anforderungen an die Outplacementberatung. Im Sinne der «Wege zur Selbst GmbH» – einer nationalen Initiative von Personalverantwortlichen – steht Outplacement als Programm zur Kompetenzdefinition und Zielsetzung zur Verfügung. Die ersten zwei der elf definierten Kernthesen der Initiative (siehe auch unter **www.selbst-gmbh.de**) heißen:

- Selbstbewusstsein und Eigenverantwortung statt passiver Ergebenheit
- Kompetenzentwicklung und Beschäftigungsfähigkeit (Employability) statt Arbeitsplatzfixierung

Hier formulierten über 200 Personalexperten des deutschsprachigen Raumes u. a. in der ersten Kernthese das Ziel

> «[...] möglichst viele Arbeitnehmer/innen dafür zu begeistern, sich als Unternehmer/innen ihrer eigenen Arbeitskraft zu begreifen. Im Vordergrund steht die persönliche Verantwortung die der Einzelne für seinen Lebensweg und seine berufliche Entwicklung übernimmt.»

in der zweiten These wird u. a. die Aufgabe der Unternehmen betont

> «[...]Arbeitnehmer/innen in die Lage [zu] versetzen, die Zukunftsfähigkeit ihrer Kompetenz zu beurteilen, die eigenen Potenziale richtig einzuschätzen und schließlich eigenverantwortlich deren Weiterentwicklung zu betreiben. Feed-back-Systeme, die einen Abgleich von Eigen- und Fremdbild ermöglichen, helfen dem Einzelnen, Handlungsfelder zu erkennen und den eigenen Marktwert bzw. die individuelle Beschäftigungsfähigkeit zu beurteilen.»

Die an dieser Stelle an den Einzelnen und die Unternehmen gerichteten Forderungen, Potenzialbeurteilung und Kompetenzdefinition zu betreiben und die Perspektivenerweiterung für Arbeitnehmer zu forcieren sind ureigenstes Beratungsgebiet der Outplacementunternehmen und finden in allen Beratungsformen des Outplacement statt.

Andererseits darf nicht übersehen werden, dass genau die momentane Krise des Arbeitsmarktes die Begrenzungen der Outplacementberatung deutlich macht. Eine Individualisierung der Arbeitslosigkeit kann und darf nicht die einzige Antwort auf die Krise sein.

Unsere Erfolgskriterien in der Outplacementberatung verschieben sich deutlich. In einem Großprojekt, das in einem Unternehmen einer insgesamt abbauenden Branche mit wenig bis mittel qualifizierten Mitarbeitern durchgeführt wurde, waren wir – zusammen mit einem weiteren Beratungsunternehmen – mit einer «Vermittlungsquote» von 47 % (n = 350) erfolgreicher, als der Auftraggeber erwartet hatte. Dieser hatte 30 % Vermittlung als großen Erfolg im Vorfeld definiert. Dabei zählten Entscheidungen zur Selbständigkeit oder zur Weiterqualifikation einschließlich der Aufnahme eines Studiums neben der Aufnahme einer neuen Tätigkeit zur Vermittlungsquote.

Was aber hat die Outplacementberatung für die 53 % Nicht-Vermittelte geleistet? Waren wir als Berater erfolgreich in Bereichen der Lebensberatung? Gehen die Nicht-Vermittelten aufgrund der Outplacementberatung anders mit ihrer Erwerbslosigkeit um als Unberatene? Kommen sie besser mit der Situation zurecht? Diese Fragen bleiben bisher offen. Hier kann die Forschung wichtige Beiträge leisten, um die Prozesse zu klären, die Outplacement auslöst und um die Auswirkungen zu erfassen.

Die allgemeinen Veränderungen für den Einzelnen auf dem Arbeitsmarkt sind auch Veränderungen für die Outplacementunternehmen selbst. Entwickeln sich die Outplacementberatungen zukünftig in Richtung Karriereberatung, könnten Unternehmen in unterschiedlichem Maße auf sie zurückgreifen:

- Die klassische Outplacementberatung bietet weiterhin die Beratung zur beruflichen Neuorientierung von Phase 1 bis 3
- Eine externe Outplacementberatung kann Mitarbeitern helfen, ihre Potenziale zu erkennen und ihre Stärken zu entwickeln, wie die Initiative «Wege zur Selbst

GmbH» fordert. Dies betrifft Phase eins des Beratungsprozesses. Es handelt sich also um eine Beratung ohne Trennung

- Eine externe Outplacementberatung kann in verschiedenen Phasen der internen Outplacementberatung eingesetzt werden:
  - In der Vorbereitung der Implementierung der internen Outplacementberatung
  - In der Beratung der Vorgesetzten vor der Trennung (Phase 0)
  - In der Beratung der Mitarbeiter (Phase 1, 2, 3)
  - In allen denkbaren Kombinationen mit internen Beratern
- Eine externe Outplacementberatung kann Outplacementberater als Experten zu einzelnen Themenstellungen zur Verfügung stellen, dies kann von der Beratertätigkeit bis hin zum Training gehen

Auch hier gilt also, dass sich die Entwicklung der Outplacementberatungsunternehmen in Richtung Karriereberatung abzeichnet.

Die Kompetenzen hierfür sind in den Beratungsfirmen vorhanden, die Richtlinien und Qualitätskriterien leider oft nicht explizit. Aufgabe der Standesvertretungen und der einzelnen Unternehmen wird es sein, die Qualitätsanforderungen und ihre Erfüllung zu definieren und offenzulegen. Dafür ist auch eine Zertifizierung für jeden einzelnen Berater denkbar. Damit wäre ein Berufsbild «Outplacementberater», oder besser «Karriereberater», geschaffen. Doch das ist Zukunftsmusik.

Literatur

Adamsam, F., Hofmann, W., Jaeger, M. (2000). Transfer-Sozialplan mit integriertem Qualifikationskonzept. managment & training, 10/2000.

Albrecht, Anke (1998). Traditionelle Personalfreisetzung contra Outplacement. Diplomarbeit, FH für Technik und Wirtschaft, Berlin, Fachbereich Wirtschaftswissenschaften I.

Andrzejewski, L. (2002). Trennungskultur. Handbuch für ein professionelles wirtschaftliches und faires Kündigungsmanagement. – Neuwied; Kriftel: Luchterhand.

Andrzejewski, L. (2001). Berater auf den Prüfstand stellen. Personalwirtschaft, 11/2001, S. 16–21.

Becker, F. G. (1988). Personalfreisetzung – Begriff, Ursachen, Maßnahmen und Folgen. In: WISU – Das Wirschaftsstudium, 17 Jg., 5/88, S. 272–280.

Berg, I. K. (1995). Familien-Zusammenhalt(en). Ein kurz-therapeutisches und lösungsorientiertes Arbeitsbuch. – Dortmund: verlag modernes lernen.

Berglas, S. (2003). Wenn der Tranier falsche Tipps gibt. Harvard Business manager, 1/2003, S. 98–105.

Berg-Peer, J. (2003). Outplacement in der Praxis. Trennungsprozesse sozialverträglich gestalten. – Wiesbaden: Gabler.

Berufsverband Deutscher Psychologinnen und Psychologen e.V. (2000). Psychologische Beratung im Wirschaftsbereich und in nicht-erwerbswirtschaftlichen Organisationen. Fach- und berufspolitische Leitsätze des BDP zur «Psychologischen Beratung» Bereich 4. – Bonn: Bundesgeschäftsstelle bdp.

Biasion, A. (1993). Kündigen – auf der Suche nach dem Weg. In: Personalwirtschaft, 20. Jg. 5/1993, S. 12–16.

Böhnke, M. H. W., Bernt, J. (2001). Investition in das Humankapital. Personalwirtschaft 11/2001, S. 22–23.

Briggs, K. C., Briggs-Myers, I. (1995). Myer-Briggs Typenindikator (MBTI). Dt. Bearbeitung von Bents, R. und Blank, R. 2. überarbeitete und erweiterte Auflage. – Göttingen: Hogrefe.

Buchhorn, E. (2000). Sanfte Trennung. In: manager magazin 11/2000 (Internetausgabe).

Bundesministerium für Arbeit und Sozialordnung (Hrsg.). Statistisches Taschenbuch 2001. Arbeits- und Sozialstatistik. – Bonn.

Bußmann, N. (1999). Die freundliche Freisetzung? Outplacement. In: Manager Seminare 37/99, S. 62–68.

DBM (2001) «Realities of the Executive Search 2000», Eigenverlag Drake Beam Morin.

Deters, J., Karg, P. W., Rosenberg, Th. (1985). Personalabbau in der Personalwirtschaftslehre; in: Betriebswirtschaftliche Forschung und Praxis, 3/85, S. 254–272.

De Shazer, S. (1996). ... Worte waren ursprünglich Zauber. Lösungsorientierte Therapie in Theorie und Praxis. – Dortmund: verlag modernes lernen.

Egan, G. (1994). The skilled helper. (5th edition). Pacific Grove, CA: Brooks/Cole.

Egle, F. & Bens, W. (2001). Talentmarketing. Strategien für Job-Search und Selbstvermarktung. – Wiesbaden: Gabler

Ertelt, B.-J., Schulz, W. E. (1997). Beratung in Bildung und Beruf. Ein anwendungsorientiertes Lehrbuch – Leonberg: Rosenberger Fachverlag.

Ertelt, B.-J., Schulz, W. E. (2002). Handbuch Beratungskompetenz. Mit Übungen zur Entwicklung von Beratungsfertigkeiten in Bildung und Beruf. – Leonberg: Rosenberger Fachverlag.

Fischer, C. (2001). Outplacement: Abschied und Neubeginn. Eine Untersuchung zu Wirkfaktoren in der Outplacement-Beratung. (zugl.: Dissertation). – Microfiche.

Graf, J. (2002). Kompetenz geht vor. Manager Seminare, Heft 52, Januar 2002, S. 111–116.

Geester, P., Fischer, H-R. (1998). Fragen in der systemischen Beratung. Privates Manuskript.

Gerstein, J. D.; Schubert, G. (1999). Insiderwissen Bewerbung. 2., überarbeitete Aufl. – München; Wien: Hanser.

Haari, R. (1999). Nutzen von Gruppen – Outplacement für Stellensuchende. Ergebnisse einer empirischen Langzeitstudie. Personal, Heft 9/1999, S. 466–471.

Harlander, N. (1991). Praktisches Lehrbuch Pesonalwirtschaft; 2. Aufl. – Landsberg/Lech: Verlag Moderne Industrie.

Hentze, J. (1991). Personalwirschaftlehre 2. Personalerhaltung und Leistungsstimulation, Personalfreistellung und Personalinformationswirtschaft. 5. überarbeitete und ergänzte Auflage. – Opladen: Westdeutscher Verlag.

Hoffmann, W. H. (1991). Faktoren erfolgreicher Unternehmensberatung. – Wiesbaden: Deutscher UniversitätsVerlag.

Hofmann, W. (2001). Outplacement – Chancen und Potenziale eines Konzeptes gegen drohende Erwerbslosigkeit. In: Zempel, J., Bacher, J. & Moser, K. (Hrsg.). Erwerbslosigkeit. Ursachen, Auswirkungen und Interventionen. Psychologie sozialer Ungleichheit, Band 12. – Opladen: Leske und Budrich.

Hossiep, R.; Paschem M. (1999). Psychologische Testverfahren zur Unterstützung von Personalentscheidungen. In: Handbuch der Personalberatung. Realität und Mythos einer Profession; hrsg. von Thomas Sattelberger. – München: Beck.

Hossiep, R.; Paschem M. (1998). Bochumer Inventar zur berufsbezogenen Persönlichkeitsbescheibung (BIP). – Göttingen; Bern: Hogrefe.

IG Metall Printmedien (2002). Outplacement – Berater. Worauf Sie achten sollten. metall I direkt, Faxabruf – 03.

Ivey, A., Bradford-Ivey, M. (1999). International interviewing & conseling (4th ed.) – Pacific Grove, CA: Brooks/Cole.

Ivey, A., Bradford-Ivey, M., Simek-Morgan, L (1997). Counseling and psychotherapie (4th ed.) – Boston: Allyn & Bacon.

Jochmann, W. (1995). Gestaltung einer effektiven Zusammenarbeit mit Personalberatungen. In: Jochmann, W. (Hrsg.). Personalberatung intern. Philosophien, Methoden und Resultate führender Beratungsunternehmen. – Göttingen: Verlag für angewandte Psychologie.

Keppke, Arnold (1992). Personalfreisetzung – mehr als Krisenmanagement. In: Arbeit und Arbeitsrecht, 9/1992, S. 273–274.

Kern, Uwe (2000). Die Besten gehen zuerst. In: Personalwirtschaft 8/2000, S. 66.

Kirsch, J., Knuth, M., Krone, S., Mühge, G. (2000). Ein Instrument mit vielen Gesichtern. Zweiter Zwischenbericht der Begleitforschung zu den Zuschüssen zu Sozialplanmaßnahmen nach §§ 254 ff. SGB III. IAB Werkstattbericht, Ausgabe Nr. 7 /18.7.2000.

Kreyenberg, J. (2001). Gestaltung von Coaching-Prozessen. – Paderborn: Junfermann, 2001; http://www. active-books.de

Löwer, C. (2001). Scheitern als Chance. Süddeutsche Zeitung Nr. 225, 29/30.9.2001, S. V1/19.

Mayrhofer, W. (1989). Trennung von der Organisation. – Wiesbaden: DUV.

Murmann, J. (1999) Personalberatung in Deutschland – Die Entwicklung einer Dienstleistung. In: Handbuch der Personalberatung: Realität und Mythos einer Profession; hersg. von Thomas Sattelberger. – München: Beck.

Nelson Bolles, R. (1999). Durchstarten zum Traumjob. Das Bewerbungshandbuch für Ein-, Um- und Austeiger. – Frankfurt: Campus.

o. V. (1997). Vom «Bewerberbüro» zum Arbeitsplatz. KSB, 3/1997, S. 12–13.

Perlitz, W. (1975). Zum Entscheidungsproblem: Eigenerstellung / Fremdbezug von Unternehmensberatungsleistungen. Dissertation, Erlangen/Nürnberg.

Pressel, G. (2001). Thesen zum systemischen Ansatz in der Beratung. Privates Manuskript.

Pressel, G. (1993). Beratung mit Erwachsenen. Privates Manuskript.

Pressel, G. (1989). Lernberatung im Unterricht mit Erwachsenen – Praxishilfe für Lehrende in der Weiterbildung. In: Grundlagen der Weiterbildung. Praxishilfen. 7.60.20. S. 1–16 Arbeitsblattsammlung. – Neuwied; Kriftel: Luchterhand.

Rosenzweig, S. (1957). Rosenzweig P-F Test, Form für Erwachsene (PFT). Dt. Bearbeitung von H. Hörmann und W. Moog. – Göttingen; Bern: Hogrefe.

Rundstedt, E. von (1999). Outplacement-Beratung. In: Handbuch der Personalberatung: Realität und Mythos einer Profession; hrsg. von Thomas Sattelberger. – München: Beck.

Rundstedt, E. von (1994); Outplacement – Trennung ohne Konflikte. In: Handbuch des Führungskräftemanagements; hrsg. von Rolf Dahlems. – München: Beck.

Sauer, Mechthild (1991). Outplacement-Beratung – Konzeption und organisatorische Gestaltung. – Wiesbaden: Gabler.

Sattelberger, Th. (1999) Vorwort. In: Handbuch der Personalberatung: Realität und Mythos einer Profession; hrsg. von Thomas Sattelberger. – München: Beck.

Schaub, G. (1996). Arbeitsrechts-Handbuch. Systematische Darstellung und Nachschlagewerk für die Praxis. – München, C. H. Beck.

Schneewind, K. A, Graf, J. (1998). 16-Persönlichkeits-Faktoren-Test. Revidierte Fassung (16 PF-R). – Bern: Huber.

Schulz, D., Fritz, W., Schuppert, D., Seiwert, L. J., Walsh, I. (1989). Outplacement: Personalfreisetzung und Karrierestrategie. – Wiesbaden: Gabler.

Schulz von Thun, F., Ruppel, J., Stratmann, R. (2001). Miteinander reden: Kommunikationspsychologie für Führungskräfte. – Reinbek: Rowohlt.

Schuppert, D. (1989). Wer: Durchführung von Outplacement. In: F. Schulz, W. Fritz, D. Schuppert, L. Seiwert & I. Walsh (Hrsg.). Outplacement. Personalfreisetzung und Karrierestrategie. – Wiesbaden: Gabler, S. 109–125.

Seiwert, L. J. (1989). Outplacement als Instrument des Personalmanagements. In: F. Schulz, W. Fritz, D. Schuppert, L. Seiwert & I. Walsh (Hrsg.). Outplacement. Personalfreisetzung und Karrierestrategie. – Wiesbaden: Gabler, S. 11–19.

Senge, P. (1997). Die Fünfte Disziplin. Theorie und Kunst der lernenden Organisation. 2. Auflage. Stuttgart: Klett Cotta.

Stoebe, F. (1993). Outplacement: Manager zwischen Trennung und Neuanfang. – Frankfurt: Campus.

Stoebe, F. (1989). Die Trennung von Führungskräften hilfreich durchführen, in: Personalführung, 22. Jg, 8/89, S. 808–810.

Stoebe, F. (1988). Vorzeitiger Ruhestand für Manager – die einzige Lösung? In Personalwirtschaft, 15 Jg., 5/88, S. 239–240.

Stoebe, F. (1987). Acht Jahre Outplacement/Replacement-Service für Führungskräfte in Deutschland. In: Personalführung, 20 Jg, 7/87, S. 518–520.

Ulrich, D. (1998). Das neue Personalwesen: Mitgestalter der Unternehmenszukunft. Harvard Business Manager 4/1998, S. 59–69.

Weber, W., Mayrhofer, W., Nienhüser, W. (1997). Taschenlexikon Personalwirtschaft. – Stuttgart: Schäffer-Poeschel.

Wildenmann Tools and Services (1996). Beraterinventar©.

Anhang

Checkliste 1: Vorbereitung der Trennung

- Gründe der Trennung klar benennen
- Chancen im Unternehmen klar ausschließen.
- Freistellung vereinbaren – bzw. verbleibende Zeit zur Aufarbeitung und Übergabe von Aufgaben und folgende Freistellung festlegen
- Datum des Ausscheidens aus dem Arbeitsverhältnis klar festsetzen
- Urlaubsansprüche besprechen und eventuelle Abgeltung vereinbaren
- Ansprüche aus den Sozialleistungen klären und eventuelle Forderungen antizipieren und vorbereiten
- Höhe der Abfindung besprechen und festlegen
- Verzicht auf weitere Ansprüche außerhalb des Aufhebungsvertrages schriftlich dokumentieren
- Offizielle Version der Trennungsbegründung inner- und außerhalb des Unternehmens absprechen
- Zwischenzeugnis und Zeugnis besprechen und vorbereiten
- Referenzen besprechen
- Eventuell Fortbildungen im Vorlauf zur oder im Anschluss an die Outplacementberatung anbieten

Siehe auch S. 52–54

Checkliste 2: Qualitätsmerkmale von Outplacement-beratungen

- Beratungsunternehmen
  - Spezialisierung
  - Tradition
  - Nationale und internationale Vernetzung
  - Beraterauswahl
  - Beraterqualifizierung
  - Anreizsysteme für Berater
  - Bisheriger Erfolg
  - Erfolgskriterien

- Beratungsformen
  - Einzelberatung
  - Gruppenberatung
  - Gewährleistung der Kontinuität der Beratung
  - Kreativität und Variabilität des Beratungsprozesses

- Beraterqualifikation (siehe auch Checkliste 3)
  - fachlich
  - persönlich
  - theoretische Grundlagen

- Umgebung
  - Arbeitsräume
  - Büroservice
  - Recherchеinstrumente
  - Medien
  - Zusatzangebote

Siehe auch S. 84–87

Checkliste 3: Beraterqualifikation für Outplacementberater

Berater-qualifikation	Variablen (Kompetenz)	Können (Skills) / Verhalten	Qualifizierung (Ideal)
Beziehung	• Soziale Kompetenz • Integrität • Konfliktbereitschaft • Empathie • Akzeptanz • Zuwendungsfähigkeit • Respekt • Authentizität • Tiefes Interesse an Menschen und ihren kognitiven und emotionalen Strukturen	• Erfragt Sichtweisen und schlägt evtl. neue Sichtweisen vor • Thematisiert erkannte Widersprüche im Gespräch • Führt die Möglichkeitsebene ins Gespräch ein • Hört gut zu • Respektiert sein Gegenüber und dessen Gedankenwelten • Berücksichtigt, dass jeder seine eigene Konstruktion und Wirklichkeit hat • Kann mit dem Klienten dessen individuellen Bedürfnisse erarbeiten und ihn in deren Erfüllung unterstützen • Ist in seinem Auftreten authentisch und unverfälscht, fügt sich nicht in Stereotypen ein	• psychologische oder pädagogische Ausbildung • Kommunikationstechniken • Gesprächstechniken
Informations-management	• Analysefähigkeit • Vernetztes Denken • Lernfähigkeit • Didaktische Fähigkeiten • Lösungswissen • Diagnostisches Wissen	• Verfügt über Instrumente und Fertigkeiten, um komplexe Zusammenhänge in ihrer Wirkung und Beeinflussbarkeit zu analysieren • Ist in der Lage Soll- und Istzustände zu definieren und die Diskrepanz zu beschreiben • Findet Möglichkeiten, Neues zu lernen und zu erfahren • Ist in der Lage, zielgruppenrelevante Informationen zu sammeln und aufzubereiten, so dass das Klientel die Informationen zielbringend nutzen kann • Verfügt über Evaluationsmethoden für Informationssysteme • Verfügt über Evaluationsmethoden für Beratungserfolg • Verfügt über differenziertes Wissen über Bildungsmöglichkeiten, Arbeitsmarktvorgänge, Berufsentwicklungen, Beratungs- und Vermittlungsmöglichkeiten	• Hochschulstudium • Zusatzqualifikationen wie Trainerausbildung o. ä. • Erfahrungen in den Bereichen Wissensvermittlung und Wissenserwerb • Ständige Aus- und Fortbildung innerhalb der Outplacementberatung

Berater-qualifikation	Variablen (Kompetenz)	Können (Skills) / Verhalten	Qualifizierung (Ideal)
Persönlichkeit	• Selbstvertrauen • Innere Stabilität • Humor • Persönliche Vision • Fähigkeit zur Selbstreflexion • Leistungsmotivation • Spaß an der Arbeit	• Tritt sicher auf, lässt sich schwer irritieren • Bezieht kritische Situationen nicht sofort persönlich auf sich • Gibt in aufreibenden Situationen nicht auf • Bringt seine Persönlichkeit zur Wirkung, nutzt die Stärken, die er besitzt • Begeistert sich für seine Projekte und begeistert andere für die Ziele, die er für möglich sieht • Ist humorvoll und kann über sich selbst lachen • Kennt seine Stärken und Schwächen, Möglichkeiten und Grenzen und arbeitet an seiner Entwicklung • Sucht Feedback und Reflexionsmöglichkeiten • Begeistert sich für seine Arbeit	• regelmäßige Supervision • psychologische oder pädagogische (Zusatz-) Ausbildung
zusätzlich	•	•	•
Wirtschafts-erfahrung	•	•	•
Berufsethik	•	•	•

Siehe auch S. 96–101

Checkliste 4: Richtlinien für ethisches Verhalten in der Beratung

Richtlinien für ethisches Verhalten in der Beratung (Ertelt und Schulz, 1997, S. 372 ff)
1. Primäre Verantwortung Die oberste Verantwortung des Beraters ist, stets im besten Interesse der Klienten zu handeln…
2. Vorinformation über die Beratung Der Berater sollte die Klienten über die Ziele, die Beratungstechniken und die spezifischen Rahmenbedingungen, unter denen die Beratung stattfindet, vor oder zu Beginn der beraterischen Beziehung informieren…
3. Grenzen der Vertraulichkeit Informationen in der Beratung sind vollständig vertraulich zu behandeln und können nur mit vorheriger Einwilligung des Ratsuchenden weitergegeben werden…
4. Unparteilichkeit Das Ziel der Beratung ist Entscheidungshilfe für Klienten. Der Berater sollte sich seines persönlichen Wertesystems bewusst sein und sich darum bemühen, seinen Klienten bei wichtigen Entscheidungen und Problemen unvoreingenommen zu helfen…
5. Qualifizierter Verweis und Konsultation Die Berater kennen ihre Kompetenzgrenzen; sie bieten nur solche Dienstleistungen an und verwenden nur solche Verfahren, für die sie durch Ausbildung und Erfahrung qualifiziert sind…
6. Testeinsatz und Eignungsprüfung Der Berater hat den Klienten in verständlicher Form über Art, Zweck und Ergebnisse standardisierter Testverfahren zu unterrichten. Diese Verpflichtung besteht auch bei der Konsultation anderer Fachleute…
7. Gruppenberatung In einer Gruppensituation ist der Berater verpflichtet, die Ziele und Techniken offenzulegen. Er ist auch für den Schutz jedes einzelnen Gruppenmitglieds vor möglichen physischen oder psychischen Beeinträchtigungen durch die Gruppeninteraktion verantwortlich…
8. Verantwortung gegenüber der Beratungsinstitution und der Gesellschaft Berater bemühen sich um eine Rollenwahrnehmung, die den Bedürfnissen der eigenen Organisation und der Gesellschaft gerecht wird…

9. Beraterische Beziehung
Ein Berater sollte eine beraterische Beziehung nicht beginnen oder fortsetzen, wenn er erfährt, dass sein Klient bereits von jemand anders professionelle Hilfe bekommt…

10. Standards für die Qualifikation
Ein Berater sollte eine allgemein anerkannte Formalqualifikation in seinem Beruf besitzen und sich um die Erhaltung seiner professionellen Kompetenz durch permanente Weiterbildung bemühen…

Siehe auch S. 104–111